AUS DEM SCHATZE DES ALTERTUMS
GRIECHISCHE SCHRIFTSTELLER A. 7

LUKIAN

WUNDERGESCHICHTEN · HUMORESKEN
ANEKDOTEN · REISEABENTEUER

AUSGEWÄHLT UND BEARBEITET VON
DR. HANS LINDEMANN

Vierte Auflage

1974

C. C. BUCHNERS VERLAG · BAMBERG

ISBN 3-7661-5907-0

Druck: Fränkischer Tag GmbH & Co., Bamberg

INHALT

I. WUNDERGESCHICHTEN

                                                                Seite

1. Der babylonische Magier 5
2. Die wandernde Statue 6
3. Die Erscheinung der Hekate 7
4. Eine unliebsame Verwechslung 8
5. Die vergessene Sandale 9
6. Das unheimliche Haus 10
7. Der Zauberlehrling 11

II. HUMORESKEN UND ANEKDOTEN

A. Auf Besuch bei Zeus

1. Ankunft am Himmelstor — Der Empfang . . . 13
2. Fragen und Klagen des Göttervaters 14
3. Im Saal der vier goldenen Sessel 15
4. An der Tafel der Himmlischen 17
5. Ein Götterrat 18

B. Zwei Gespräche

1. Rangstreit zwischen zwei neugebackenen Göttern 19
2. Charon verlangt seinen Obolus 20

C. Witziges und Spitziges

1. Scherzhafte Vorschriften für eine würdige Feier der Saturnalien 22
2. Treffende Antworten und Aussprüche eines griechischen Philosophen 24

III. REISEABENTEUER

Seite

1. Hinaus in den Ozean — Landung auf der Weininsel 28
2. Nach dem Mond verschlagen 30
3. Absonderlichkeiten der Mondbewohner — Wieder auf dem Meere 31
4. Das Abenteuer mit dem Walfisch 33
5. Frost und Eis — In der Milchsee — Die Korkfüßler 35
6. Auf der Insel der Seligen 36
7. Bei den Verdammten 39
8. Im Lande der Träume 41
9. Von Seeräubern überfallen 42
10. Das Eisvogelnest — Wunderzeichen — Der schwimmende Wald — Die Meeresschlucht 43
11. Bei den Bukephalen — Schlußwort 45

Quo lepore perstringit omnia!

(Erasmus)

I.

WUNDERGESCHICHTEN

1. Der babylonische Magier.

Ἦν μὲν ἐγὼ μειράκιον ἔτι ἀμφὶ τὰ τετταρακαίδεκα ἔτη σχεδόν· ἧκε δέ τις ἀγγέλλων τῷ πατρὶ Μίδαν τὸν ἀμπελουργόν, ἐρρωμένον ἐς τὰ ἄλλα οἰκέτην καὶ ἐργατικόν, ἀμφὶ πλήθουσαν ἀγορὰν ὑπὸ ἐχίδνης δηχθέντα κεῖσθαι ἤδη σεσηπότα τὸ σκέλος· ἀναδοῦντι γὰρ αὐτῷ τὰ κλήματα καὶ ταῖς χάραξι 5 περιπλέκοντι προσερπύσαν τὸ θηρίον δακεῖν κατὰ τὸν μέγαν δάκτυλον καὶ τὸ μὲν φθάσαι καὶ καταδῦναι αὖθις ἐς τὸν φωλεόν, τὸν δὲ οἰμώζειν ἀπολλύμενον ὑπ' ἀλγηδόνων.

Ταῦτά τε οὖν ἀπηγγέλλετο καὶ τὸν Μίδαν ἑωρῶμεν αὐτὸν ἐπὶ σκίμποδος ὑπὸ τῶν ὁμοδούλων προσκομιζόμενον, ὅλον 10 ᾠδηκότα, πελιδνόν, μυδῶντα, τὴν ἐπιφάνειαν ὀλίγον ἔτι ἐμπνέοντα.

Λελυπημένῳ δὴ τῷ πατρὶ τῶν φίλων τις παρών· „Θάρρει", ἔφη, „ἐγὼ γάρ σοι ἄνδρα Βαβυλώνιον τῶν Χαλδαίων, ὥς φασιν, αὐτίκα μέτειμι, ὃς ἰάσεται τὸν ἄνθρωπον." 15

Καὶ ἵνα μὴ διατρίβω λέγων, ἧκεν ὁ Βαβυλώνιος καὶ ἀνέστησε τὸν Μίδαν ἐπῳδῇ τινι ἐξελάσας τὸν ἰὸν ἐκ τοῦ σώματος, ἔτι καὶ προσαναρτήσας τῷ ποδὶ τεθνηκυίας παρθένου λίθον ἀπὸ τῆς στήλης ἐκκόψας. Καὶ τοῦτο μὲν ἴσως μέτριον· καίτοι ὁ Μίδας αὐτὸς ἀράμενος τὸν σκίμποδα, ἐφ' οὗ ἐκε- 20 κόμιστο, ᾤχετο ἐς τὸν ἀγρὸν ἀπιών. Τοσοῦτον ἡ ἐπῳδὴ ἐδυνήθη καὶ ὁ στηλίτης ἐκεῖνος λίθος.

Ὁ δὲ καὶ ἄλλα ἐποίησε θεσπέσια ὡς ἀληθῶς· ἐς τὸν ἀγρὸν γὰρ ἐλθὼν ἕωθεν ἐπειπὼν ἱερατικά τινα ἐκ βίβλου παλαιᾶς ὀνόματα ἑπτά, θείῳ καὶ δᾳδὶ καθαγνίσας τὸν τόπον περιελθὼν ἐς τρίς, ἐξήλασεν, ὅσα ἦν ἑρπετὰ ἐντὸς τῶν ὅρων. Ἧκον οὖν, ὥσπερ ἑλκόμενοι, πρὸς τὴν ἐπῳδήν ὄφεις πολλοὶ καὶ ἀσπίδες καὶ ἔχιδναι καὶ κεράσται καὶ ἀκοντίαι φρῦνοί τε καὶ φύσαλοι, ἐλείπετο δὲ εἷς δράκων παλαιός, ὑπὸ γήρως, οἶμαι, ἐξερπύσαι μὴ δυνάμενος, παρακούσας τοῦ προστάγματος.

Ὁ δὲ μάγος οὐκ ἔφη παρεῖναι ἅπαντας, ἀλλ' ἕνα τινὰ τῶν ὄφεων, τὸν νεώτατον, χειροτονήσας πρεσβευτὴν ἔπεμψεν ἐπὶ τὸν δράκοντα καὶ μετὰ μικρὸν ἦκε κἀκεῖνος. Ἐπεὶ δὲ συνηλίσθησαν, ἐνεφύσησε μὲν αὐτὰ ὁ Βαβυλώνιος, τὰ δὲ αὐτίκα μάλα κατεκαύθη ἅπαντα ὑπὸ τῷ φυσήματι, ἡμεῖς δὲ ἐθαυμάζομεν.

✱

2. Die wandernde Statue.

Ἐπειδὰν τάχιστα νὺξ γένηται, ὁ ἀνδριάς, ὁ τοῦ στρατηγοῦ Πελίχου τοῦ Κορινθίου, καταβὰς ἀπὸ τῆς βάσεως, ἐφ' ἧ ἕστηκε, περίεισιν ἐν κύκλῳ τὴν οἰκίαν καὶ πάντες ἐντυγχάνουσιν αὐτῷ, ἐνίοτε καὶ ᾄδοντι, καὶ οὐκ ἔστιν ὅντινα ἠδίκησεν· ἐκτρέπεσθαι γὰρ χρὴ μόνον· ὁ δὲ παρέρχεται μηδὲν ἐνοχλήσας τοὺς ἰδόντας. Καὶ μὴν καὶ λούεται τὰ πολλὰ καὶ παίζει δι' ὅλης τῆς νυκτός, ὥστε ἀκούειν τοῦ ὕδατος ψοφοῦντος.

Πολλοὶ ἔκειντο ὀβολοὶ πρὸς τοῖν ποδοῖν αὐτοῦ καὶ ἄλλα νομίσματα, ἔνια ἀργυρᾶ, πρὸς τὸν μηρὸν κηρῷ κεκολλημένα, καὶ πέταλα ἐξ ἀργύρου, εὐχαί τινος ἢ μισθὸς ἐπὶ τῇ ἰάσει, ὁπόσοι δι' αὐτὸν ἐπαύσαντο πυρετῷ ἐχόμενοι.

Ἦν δὲ ἡμῖν Λίβυς τις οἰκέτης, κατάρατος, ἱπποκόμος· οὗτος ἐπεχείρησε νυκτὸς ὑφελέσθαι πάντα ἐκεῖνα καὶ ὑφείλετο καταβεβηκότα ἤδη τηρήσας τὸν ἀνδριάντα. Ἐπεὶ δὲ 15 ἐπανελθὼν τάχιστα ἔγνω περισεσυλημένος ὁ Πέλιχος, ὅρα, ὅπως ἠμύνατο καὶ κατεφώρασε τὸν Λίβυν· δι' ὅλης γὰρ τῆς νυκτὸς περιῄει ἐν κύκλῳ τὴν αὐλὴν ὁ ἄθλιος ἐξελθεῖν οὐ δυνάμενος, ὥσπερ ἐς λαβύρινθον ἐμπεσών, ἄχρι δὴ κατελήφθη ἔχων τὰ φώρια γενομένης τῆς ἡμέρας. Καὶ τότε 20 μὲν πληγὰς οὐκ ὀλίγας ἔλαβεν ἁλούς, οὐ πολὺν δὲ ἐπιβιοὺς χρόνον κακὸς κακῶς ἀπέθανε μαστιγούμενος, ὡς ἔλεγε, κατὰ τὴν νύκτα ἑκάστην, ὥστε καὶ μώλωπας ἐς τὴν ἐπιοῦσαν φαίνεσθαι αὐτοῦ ἐπὶ τοῦ σώματος.

*

3. Die Erscheinung der Hekate.

Ἐτύγχανε μὲν ἀμφὶ τρυγητὸν τὸ ἔτος ὄν, ἐγὼ δὲ ἀμφὶ τὸν ἀγρὸν μεσούσης τῆς ἡμέρας τρυγῶντας ἀφεὶς τοὺς ἐργάτας κατ' ἐμαυτὸν εἰς τὴν ὕλην ἀπῄειν μεταξὺ φροντίζων τι καὶ ἀνασκοπούμενος.

Ἐπεὶ δ' ἐν τῷ συνηρεφεῖ ἦν, τὸ μὲν πρῶτον ὑλαγμὸς 5 ἐγένετο κυνῶν κἀγὼ εἴκαζον Μνάσωνα τὸν υἱόν, ὥσπερ εἰώθει, παίζειν καὶ κυνηγετεῖν εἰς τὸ λάσιον μετὰ τῶν ἡλικιωτῶν παρελθόντα. Τὸ δ' οὐκ εἶχεν οὕτως, ἀλλὰ μετ' ὀλίγον σεισμοῦ τινος γενομένου καὶ βοῆς οἷον ἐκ βροντῆς γυναῖκα ὁρῶ προσιοῦσαν φοβεράν, ἡμισταδιαίαν σχεδὸν τὸ 10 ὕψος.

Εἶχε δὲ καὶ δᾷδα ἐν τῇ ἀριστερᾷ καὶ ξίφος ἐν τῇ δεξιᾷ, ὅσον εἰκοσάπηχυ, καὶ τὰ μὲν ἔνερθεν ὀφιόπους ἦν, τὰ δὲ ἄνω Γοργόνι ἐμφερής, τὸ βλέμμα φημὶ καὶ τὸ φρικῶδες τῆς προσόψεως, καὶ ἀντὶ τῆς κόμης τοὺς δράκοντας βοστρυ- 15 χηδὸν περιέκειτο εἰλουμένους περὶ τὸν αὐχένα καὶ ἐπὶ τῶν ὤμων ἐνίους ἐσπειραμένους.

Ἐγὼ μὲν οὖν ἰδὼν ἔστην ἀναστρέψας ἅμα τὴν σφραγῖδα, ἥν μοι ὁ Ἄραψ ἔδωκεν, εἰς τὸ εἴσω τοῦ δακτύλου·
20 ἡ Ἑκάτη δὲ πατάξασα τῷ δρακοντείῳ ποδὶ τοὔδαφος ἐποίησε χάσμα παμμέγεθες, ἡλίκον ταρτάρειον τὸ μέγεθος· εἶτα ᾤχετο μετ᾽ ὀλίγον ἁλλομένη ἐς αὐτό.

Ἐγὼ δὲ θαρσήσας ἐπέκυψα λαβόμενος δένδρου τινὸς πλησίον πεφυκότος, ὡς μὴ σκοτοδινιάσας ἐμπέσοιμι ἐπὶ κεφα-
25 λήν· εἶτα ἑώρων τὰ ἐν Ἅιδου ἅπαντα, τὸν Πυριφλεγέθοντα, τὴν λίμνην, τὸν Κέρβερον, τοὺς νεκρούς, ὥστε γνωρίζειν ἐνίους αὐτῶν· τὸν γοῦν πατέρα εἶδον ἀκριβῶς αὐτὰ ἐκεῖνα ἔτι ἀμπεχόμενον, ἐν οἷς αὐτὸν κατεθάψαμεν. Ἅμα γοῦν ἔγωγε ἅπαντα ἀκριβῶς ἑώρακα καὶ τὸ χάσμα συνέμυε καί
30 τινες τῶν οἰκετῶν ἀναζητοῦντές με ἐπέστησαν οὔπω τέλεον μεμυκότος τοῦ χάσματος.

*

4. Eine unliebsame Verwechslung.

Ἑβδόμη μὲν ἦν ἡμέρα, ὁ δὲ πυρετὸς οἷος καύσωνος σφοδρότερος. Ἅπαντες δέ με ἀπολιπόντες ἐπ᾽ ἐρημίας ἐπικλεισάμενοι τὰς θύρας ἔξω περιέμενον. Τότε οὖν ἐφίσταταί μοι νεανίας ἐγρηγορότι, πάγκαλος, λευκὸν ἱμάτιον περιβεβλημένος,
5 εἶτα ἀναστήσας ἄγει διά τινος χάσματος ἐς τὸν Ἅιδην, ὡς αὐτίκα ἐγνώρισα Τάνταλον ἰδὼν καὶ Τιτυὸν καὶ Σίσυφον.
Καὶ τὰ μὲν ἄλλα τί ἂν ὑμῖν λέγοιμι;

Ἐπεὶ δὲ κατὰ τὸ δικαστήριον ἐγενόμην — παρῆν δὲ καὶ ὁ Αἰακὸς καὶ ὁ Χάρων καὶ αἱ Μοῖραι καὶ αἱ Ἐρινύες —,
10 ὁ μέν τις, ὥσπερ βασιλεὺς ὁ Πλούτων μοι δοκεῖ, καθῆστο ἐπιλεγόμενος τῶν τεθνηξομένων τὰ ὀνόματα, οὓς ἤδη ὑπερημέρους τῆς ζωῆς συνέβαινεν εἶναι.

Ὁ δὲ νεανίσκος ἐμὲ φέρων παρέστησεν αὐτῷ· ὁ δὲ Πλούτων ἠγανάκτησε τότε καὶ πρὸς τὸν ἀγαγόντα με· „Οὔπω πεπλήρωται", φησί, „τὸ νῆμα αὐτῷ, ὥστε ἀπίτω. Σὺ δὲ δὴ τὸν χαλκέα Δημύλον ἄγε· ὑπὲρ γὰρ τὸν ἄτρακτον ἤδη βιοῖ."
Κἀγὼ ἄσμενος ἀναδραμὼν αὐτὸς μὲν ἤδη ἀπύρετος ἦν, ἀπήγγελλον δὲ ἅπασιν, ὡς τεθνήξεται Δημύλος· ἐν γειτόνων δὲ ἡμῖν ᾤκει νοσῶν τι καὶ αὐτός, ὡς ἀπηγγέλλετο. Καὶ μετὰ μικρὸν ἠκούομεν οἰμωγῆς ὀδυρομένων ἐπ' αὐτῷ.

*

5. Die vergessene Sandale.

Τὴν μακαρῖτίν μου γυναῖκα πάντες ἴσασιν ὅπως ἠγάπησα, ἐδήλωσα δέ, οἷς περὶ αὐτὴν ἔπραξα οὐ ζῶσαν μόνον, ἀλλ' ἐπεὶ καὶ ἀπέθανε, τόν τε κόσμον ἅπαντα συγκατακαύσας καὶ τὴ ' ἐσθῆτα, ᾗ ζῶσα ἔχαιρεν.

Ἑβδόμῃ δὲ μετὰ τὴν τελευτὴν ἡμέρᾳ ἐγὼ μὲν ἐνταῦθα ἐπὶ τῆς κλίνης, ὥσπερ νῦν, ἐκείμην παραμυθούμενος τό γε πένθος· ἀνεγίγνωσκον γὰρ τὸ περὶ ψυχῆς τοῦ Πλάτωνος βιβλίον ἐφ' ἡσυχίας· ἐπεισέρχεται δὲ μεταξὺ ἡ Δημαινέτη αὐτὴ ἐκείνη καὶ καθίζεται πλησίον. Ἐγὼ δέ, ὡς εἶδον, περιπλακεὶς αὐτῇ ἐδάκρυον ἀνακωκύσας. Ἡ δὲ οὐκ εἴα βοᾶν, ἀλλ' ᾐτιᾶτό με, ὅτι τὰ ἄλλα πάντα χαρισάμενος αὐτῇ θάτερον τοῖν σανδάλοιν χρυσοῖν ὄντοιν οὐ κατακαύσαιμι, εἶναι δὲ αὐτὸ ἔφασκε παραπεσὸν ὑπὸ τῇ κιβωτῷ, καὶ διὰ τοῦτο ἡμεῖς οὐχ εὑρόντες θάτερον μόνον ἐκαύσαμεν.

Ἔτι δὲ ἡμῶν διαλεγομένων κατάρατόν τι κυνίδιον ὑπὸ τῇ κλίνῃ ὂν Μελιταῖον ὑλάκτησεν, ἡ δὲ ἠφανίσθη πρὸς τὴν ὑλακήν· τὸ μέντοι σανδάλιον εὑρέθη ὑπὸ τῇ κιβωτῷ καὶ κατεκαύθη ὕστερον.

6. Das unheimliche Haus.

"Ην ποτε ἐς Κόρινθον ἔλθῃς, ἐροῦ, ἔνθα ἐστὶν ἡ Εὐβατίδου οἰκία, καὶ ἐπειδάν σοι δειχθῇ παρὰ τὸ Κράνειον, παρελθὼν ἐς ταύτην λέγε πρὸς τὸν θυρωρὸν Τίβιον, ὡς ἐθέλοις ἰδεῖν, ὅθεν τὸν δαίμονα ὁ Πυθαγορικὸς Ἀρίγνωτος
5 ἀνορύξας ἀπήλασε καὶ πρὸς τὸ λοιπὸν οἰκεῖσθαι τὴν οἰκίαν ἐποίησε.

Ἀοίκητος ἦν ἐκ πολλοῦ ὑπὸ δειμάτων, εἰ δέ τις οἰκήσειεν, εὐθὺς ἐκπλαγεὶς ἔφευγεν ἐκδιωχθεὶς ὑπό τινος φοβεροῦ καὶ ταραχώδους φάσματος. Συνέπιπτεν οὖν ἤδη καὶ ἡ
10 στέγη κατέρρει καὶ ὅλως οὐδεὶς ἦν ὁ θαρρήσων παρελθεῖν εἰς αὐτήν.

Ἐγὼ δὲ ἐπεὶ ταῦτα ἤκουσα, τὰς βίβλους λαβὼν — εἰσὶ δέ μοι Αἰγύπτιαι μάλα πολλαὶ περὶ τῶν τοιούτων — ἧκον ἐς τὴν οἰκίαν περὶ πρῶτον ὕπνον, ἀποτρέποντος τοῦ ξένου
15 καὶ μόνον οὐκ ἐπιλαμβανομένου, ἐπεὶ ἔμαθεν, οἷ βαδίζοιμι, εἰς προὖπτον κακόν, ὡς ᾤετο. Ἐγὼ δὲ λύχνον λαβὼν μόνος εἰσέρχομαι καὶ ἐν τῷ μεγίστῳ οἰκήματι καταθεὶς τὸ φῶς ἀνεγίγνωσκον ἡσυχῇ χαμαὶ καθεζόμενος.

Ἐφίσταται δὲ ὁ δαίμων, ἐπί τινα τῶν πολλῶν ἥκειν νο-
20 μίζων καὶ δεδίξεσθαι κἀμὲ ἐλπίζων, ὥσπερ τοὺς ἄλλους, αὐχμηρὸς καὶ κομήτης καὶ μελάντερος τοῦ ζόφου. Καὶ ὁ μὲν ἐπιστὰς ἐπειρᾶτό μου πανταχόθεν προσβάλλων, εἴ ποθεν κρατήσειε, καὶ ἄρτι μὲν κύων ἄρτι δὲ ταῦρος γιγνόμενος ἢ λέων, ἐγὼ δὲ προχειρισάμενος τὴν φρικωδεστάτην ἐπίρρησιν
25 αἰγυπτιάζων τῇ φωνῇ συνήλασα κατάδων αὐτὸν εἴς τινα γωνίαν σκοτεινοῦ οἰκήματος· ἰδὼν δὲ αὐτόν, οἷ κατέδυ, τὸ λοιπὸν ἀνεπαυόμην.

Ἕωθεν δὲ πάντων ἀπεγνωκότων καὶ νεκρὸν εὑρήσειν με οἰομένων, καθάπερ τοὺς ἄλλους, προελθὼν ἀπροσδόκητος
30 ἅπασι πρόσειμι τῷ Εὐβατίδῃ, εὐαγγελιζόμενος αὐτῷ, ὅτι καθαρὰν καὶ ἀδείμαντον ἤδη ἕξει τὴν οἰκίαν οἰκεῖν. Καὶ

παραλαβὼν αὐτόν τε καὶ τῶν ἄλλων πολλοὺς — εἵποντο γὰρ τοῦ παραδόξου ἕνεκα — ἐκέλευον ἀγαγὼν ἐπὶ τὸν τόπον, οὗ καταδεδυκότα τὸν δαίμονα ἑωράκειν, σκάπτειν λαβόντας δικέλλας καὶ σκαφεῖα, καὶ ἐπειδὴ ἐποίησαν, εὑρέθη 35 ὡς ἐπ' ὀργυιὰν κατορωρυγμένος τις νεκρὸς ἕωλος, μόνα τὰ ὀστᾶ κατὰ σχῆμα συγκείμενος. Ἐκεῖνον μὲν οὖν ἐθάψαμεν ἀνορύξαντες, ἡ οἰκία δὲ τὸ ἀπ' ἐκείνου ἐπαύσατο ἐνοχλουμένη ὑπὸ τῶν φασμάτων.

*

7. Der Zauberlehrling.

Ὁπότε ἐν Αἰγύπτῳ διῆγον ἔτι νέος ὤν, ὑπὸ τοῦ πατρὸς ἐπὶ παιδείας προφάσει ἀποσταλείς, ἐπεθύμησα ἐς Κοπτὸν ἀναπλεύσας ἐκεῖθεν ἐπὶ τὸν Μέμνονα ἐλθὼν ἀκοῦσαι τὸ θαυμαστὸν ἐκεῖνο ἠχοῦντα πρὸς ἀνίσχοντα τὸν ἥλιον. Ἐκείνου μὲν οὖν ἤκουσα οὐ κατὰ τὸ κοινὸν τοῖς πολλοῖς ἄση- 5 μόν τινα φωνήν, ἀλλά μοι καὶ ἔχρησεν ὁ Μέμνων αὐτὸς ἀνοίξας τὸ στόμα ἐν ἔπεσιν ἑπτά, καὶ εἴ γε μὴ περιττὸν ἦν, αὐτὰ ἂν ὑμῖν εἶπον τὰ ἔπη.

Κατὰ δὲ τὸν ἀνάπλουν ἔτυχεν ἡμῖν συμπλέων Μεμφίτης ἀνὴρ τῶν ἱερογραμματέων, θαυμάσιος τὴν σοφίαν καὶ τὴν 10 παιδείαν πᾶσαν εἰδὼς τὴν Αἰγυπτίων· ἐλέγετο δὲ τρία καὶ εἴκοσιν ἔτη ἐν τοῖς ἀδύτοις ὑπόγειος ᾠκηκέναι, μαγεύειν παιδευόμενος ὑπὸ τῆς Ἴσιδος.

Καὶ τὰ μὲν πρῶτα ἠγνόουν, ὅστις ἦν, ἐπεὶ δὲ ἑώρων αὐτόν, εἴ ποτε ὁρμίσαιμεν τὸ πλοῖον, ἄλλα τε πολλὰ τερά- 15 στια ἐργαζόμενον καὶ δὴ καὶ ἐπὶ κροκοδείλων ὀχούμενον καὶ συννέοντα τοῖς θηρίοις, τὰ δὲ ὑποπτήσσοντα καὶ σαίνοντα ταῖς οὐραῖς, ἔγνων ἱερόν τινα ἄνθρωπον ὄντα καὶ κατὰ μικρὸν φιλοφρονούμενος ἔλαθον ἑταῖρος αὐτῷ καὶ συνήθης γενόμενος, ὥστε πάντων ἐκοινώνει μοι τῶν ἀπορρήτων· καὶ 20 τέλος πείθει με τοὺς μὲν οἰκέτας ἅπαντας ἐν τῇ Μέμφιδι καταλιπεῖν, αὐτὸν δὲ μόνον ἀκολουθεῖν μετ' αὐτοῦ, μὴ γὰρ ἀπορήσειν ἡμᾶς τῶν διακονησομένων. Καὶ τὸ μετὰ τοῦτο οὕτω διήγομεν.

25 Ἐπειδὴ δὲ ἔλθοιμεν εἴς τι καταγώγιον, λαβὼν ἂν ὁ ἀνὴρ τὸν μοχλὸν τῆς θύρας ἢ τὸ κόρηθρον ἢ καὶ τὸ ὕπερον, περιβαλὼν ἱματίοις, ἐπειπών τινα ἐπῳδήν, ἐποίει βαδίζειν τοῖς ἄλλοις ἅπασιν ἄνθρωπον εἶναι δοκοῦντα· τὸ δὲ ἀπελθὸν ὕδωρ τε ἀπήντλει καὶ ὠψώνει καὶ ἐσκεύαζε καὶ ἐς πάντα 30 δεξιῶς ὑπηρέτει καὶ διηκονεῖτο ἡμῖν· εἶτα δὲ ἐπειδὴ ἅλις ἔχοι τῆς διακονίας, αὖθις κόρηθρον τὸ κόρηθρον ἢ ὕπερον τὸ ὕπερον ἄλλην ἐπῳδὴν ἐπειπὼν ἐποίει ἄν.

Τοῦτο ἐγὼ πάνυ ἐσπουδακὼς οὐκ εἶχον ὅπως ἐκμάθοιμι παρ' αὐτοῦ· ἐβάσκαινε γὰρ αὐτοῦ, καίτοι πρὸς τὰ ἄλλα 35 προχειρότατος ὤν. Μιᾷ δέ ποτε ἡμέρᾳ λαθὼν ἐπήκουσα τῆς ἐπῳδῆς, ἦν δὲ τρισύλλαβος, σχεδὸν ἐν σκοτεινῷ ὑποστάς. Καὶ ὁ μὲν ᾤχετο ἐς τὴν ἀγορὰν ἐντειλάμενος τῷ ὑπέρῳ, ἃ ἔδει ποιεῖν.

Ἐγὼ δὲ ἐς τὴν ὑστεραίαν ἐκείνου τι κατὰ τὴν ἀγορὰν 40 πραγματευομένου λαβὼν τὸ ὕπερον, σχηματίσας, ὁμοίως ἐπειπὼν τὰς συλλαβάς, ἐκέλευον ὑδροφορεῖν. Ἐπεὶ δὲ ἐμπλησάμενος τὸν ἀμφορέα ἐκόμισε· „Πέπαυσο", ἔφην, „καὶ μηκέτι ὑδροφόρει, ἀλλ' ἴσθι αὖθις ὕπερον." Τὸ δὲ οὐκέτι μοι πείθεσθαι ἤθελεν, ἀλλ' ὑδροφόρει ἀεί, ἄχρι δὴ ἐνέπλησεν 45 ἡμῖν ὕδατος τὴν οἰκίαν ἐπαντλοῦν. Ἐγὼ δὲ ἀμηχανῶν τῷ πράγματι — ἐδεδίειν γάρ, μὴ ὁ Παγκράτης ἐπανελθὼν ἀγανακτήσῃ, ὅπερ καί ἐγένετο — ἀξίνην λαβὼν διακόπτω τὸ ὕπερον εἰς δύο μέρη· τὰ δέ, ἑκάτερον τὸ μέρος, ἀμφορέας λαβόντα ὑδροφόρει καὶ ἀνθ' ἑνὸς δύο μοι ἐγένοντο 50 ὑδροφόροι.

Ἐν τούτῳ καὶ ὁ Παγκράτης ἐφίσταται καὶ συνεὶς τὸ γενόμενον ἐκεῖνα μὲν αὖθις ἐποίησε ξύλα, ὥσπερ ἦν πρὸ τῆς ἐπῳδῆς, αὐτὸς δὲ ἀπολιπών με λαθὼν οὐκ οἶδ' ὅποι ἀφανὴς ᾤχετο ἀπιών.

*

II.

HUMORESKEN UND ANEKDOTEN

A. Auf Besuch bei Zeus.

1. Ankunft am Himmelstor. — Der Empfang.

Λαβὼν τὸν ἥλιον ἐν δεξιᾷ διὰ τῶν ἀστέρων πετόμενος τριταῖος ἐπλησίασα τῷ οὐρανῷ. Καὶ τὸ μὲν πρῶτον ἐδόκει μοι, ὡς εἶχον, εὐθὺς εἴσω παριέναι· ῥᾳδίως γὰρ ᾤμην διαλαθεῖν, ἅτε ἐξ ἡμισείας ὢν ἀετός, τὸν δὲ ἀετὸν ἠπιστάμην ἐκ παλαιοῦ συνήθη τῷ Διί· ὕστερον δὲ ἐλογισάμην, ὡς τάχιστα καταφωράσουσί με γυπὸς τὴν ἑτέραν πτέρυγα περικείμενον. Ἄριστον οὖν κρίνας τὸ μὴ παρακινδυνεύειν ἔκοπτον προσελθὼν τὴν θύραν.

Ὑπακούσας δὲ ὁ Ἑρμῆς καὶ τοὔνομα ἐκπυθόμενος ἀπῄει κατὰ σπουδὴν φράσων τῷ Διὶ καὶ μετ' ὀλίγον εἰσεκλήθην πάνυ δεδιὼς καὶ τρέμων καταλαμβάνω τε πάντας ἅμα συγκαθημένους οὐδὲ αὐτοὺς ἀφρόντιδας· ὑπετάραττε γὰρ ἡσυχῇ τὸ παράδοξόν μου τῆς ἐπιδημίας καὶ ὅσον οὐδέπω πάντας ἀνθρώπους ἀφίξεσθαι προσεδόκων τὸν αὐτὸν τρόπον ἐπτερωμένους.

Ὁ δὲ Ζεὺς μάλα φοβερῶς δριμύ τε καὶ τιτανῶδες εἰς ἐμὲ ἀπιδών φησι·

„Τίς πόθεν εἰς ἀνδρῶν, πόθι τοι πόλις ἠδὲ τοκῆες;"

Ἐγὼ δέ, ὡς τοῦτ' ἤκουσα, μικροῦ μὲν ἐξέθανον ὑπὸ τοῦ δέους, εἱστήκειν δὲ ὅμως ἀχανὴς καὶ ὑπὸ τῆς μεγαλοφωνίας

ἐμβεβροντημένος. Χρόνῳ δ' ἐμαυτὸν ἀναλαβὼν ἅπαντα διηγούμην σαφῶς ἄνωθεν ἀρξάμενος, ὡς ἐπιθυμήσαιμι τὰ μετέωρα ἐκμαθεῖν, ὡς ἔλθοιμι παρὰ τοὺς φιλοσόφους, ὡς τἀναντία λεγόντων ἀκούσαιμι, ὡς ἀπαγορεύσαιμι διασπώμενος
25 ὑπὸ τῶν λόγων, εἶτα ἑξῆς τὴν ἐπίνοιαν καὶ τὰ πτερὰ καὶ τἆλλα πάντα μέχρι πρὸς τὸν οὐρανόν.

Μειδιάσας δ' οὖν ὁ Ζεὺς καὶ μικρὸν ἐπανεὶς τῶν ὀφρύων·
„Τί ἂν λέγοις," φησίν, „Ὤτου πέρι καὶ Ἐφιάλτου, ὅπου καὶ Μένιππος ἐτόλμησεν ἐς τὸν οὐρανὸν ἀνελθεῖν; Ἀλλὰ νῦν
30 μὲν ἐπὶ ξενίᾳ σε καλοῦμεν, αὔριον δέ, ἔφη, περὶ ὧν ἥκεις, χρηματίσαντες ἀποπέμψομεν."

Καὶ ἅμα ἐξαναστὰς ἐβάδιζεν ἐς τὸ ἐπηκοώτατον τοῦ οὐρανοῦ· καιρὸς γὰρ ἦν ἐπὶ τῶν εὐχῶν καθέζεσθαι.

*

2. Fragen und Klagen des Göttervaters.

Μεταξύ τε προϊὼν ἀνέκρινέ με περὶ τῶν ἐν τῇ γῇ πραγμάτων, τὰ πρῶτα μὲν ἐκεῖνα, πόσου νῦν ὁ πυρός ἐστιν ὤνιος ἐπὶ τῆς Ἑλλάδος, καὶ εἰ σφόδρα ἡμῶν ὁ πέρυσι χειμὼν καθίκετο, καὶ εἰ τὰ λάχανα δεῖται πλείονος ἐπομβρίας,
5 μετὰ δὲ ἠρώτα, εἴ τις ἔτι λείπεται τῶν ἀπὸ Φειδίου, καὶ δι' ἣν αἰτίαν ἐλλείποιεν Ἀθηναῖοι τὰ Διάσια τοσούτων ἐτῶν, καὶ εἰ τὸ Ὀλύμπιον αὐτῷ ἐπιτελέσαι διανοοῦνται, καὶ εἰ συνελήφθησαν οἱ τὸν ἐν Δωδώνῃ νεὼν σεσυληκότες.

Ἐπεὶ δὲ περὶ τούτων ἀπεκρινάμην· „Εἰπέ μοι, Μένιππε,"
10 ἔφη, „περὶ δὲ ἐμοῦ οἱ ἄνθρωποι τίνα γνώμην ἔχουσι;"
„Τίνα," ἔφην, „δέσποτα, ἢ τὴν εὐσεβεστάτην, βασιλέα σε εἶναι πάντων θεῶν;" „Παίζεις ἔχων", ἔφη, „τὸ δὲ φιλόκαινον αὐτῶν ἀκριβῶς οἶδα, κἂν μὴ λέγῃς. Ἦν γάρ ποτε χρόνος,

ὅτε καὶ μάντις ἐδόκουν αὐτοῖς καὶ ἰατρὸς καὶ πάντα ὅλως
ἦν ἐγώ,
  μεσταὶ δὲ Διὸς πᾶσαι μὲν ἀγυιαί,
πᾶσαι δ' ἀνθρώπων ἀγοραί.

Καὶ ἡ Δωδώνη τότε καὶ ἡ Πῖσα λαμπραὶ καὶ περίβλεπτοι
πᾶσιν ἦσαν, ὑπὸ δὲ τοῦ καπνοῦ τῶν θυσιῶν οὐδὲ ἀναβλέ-
πειν μοι δυνατόν· ἐξ οὗ δὲ ἐν Δελφοῖς μὲν Ἀπόλλων τὸ
μαντεῖον κατεστήσατο, ἐν Περγάμῳ δὲ τὸ ἰατρεῖον ὁ Ἀσκλη-
πιὸς καὶ τὸ Βενδίδειον ἐγένετο ἐν Θράκῃ καὶ τὸ Ἀνουβί-
δειον ἐν Αἰγύπτῳ καὶ τὸ Ἀρτεμίσιον ἐν Ἐφέσῳ, ἐπὶ ταῦτα
μὲν ἅπαντες θέουσι καὶ πανηγύρεις ἀνάγουσι καὶ ἑκατόμβας
παριστᾶσιν, ἐμὲ δὲ ὥσπερ παρηβηκότα ἱκανῶς τετιμηκέναι
νομίζουσιν, ἂν διὰ πέντε ὅλων ἐτῶν θύσωσιν ἐν Ὀλυμπίᾳ".

*

3. Im Saal der vier goldenen Sessel.

Τοιαῦτ' ἄττα διεξιόντες ἀφικνούμεθα ἐς τὸ χωρίον, ἔνθα
ἔδει αὐτὸν καθεζόμενον διακοῦσαι τῶν εὐχῶν. Θυρίδες δὲ
ἦσαν ἑξῆς, τοῖς στομίοις τῶν φρεάτων ἐοικυῖαι, πώματα
ἔχουσαι, καὶ παρ' ἑκάστῃ θρόνος ἔκειτο χρυσοῦς.

Καθίσας οὖν ἑαυτὸν ἐπὶ τῆς πρώτης ὁ Ζεὺς καὶ ἀφελὼν
τὸ πῶμα παρεῖχε τοῖς εὐχομένοις ἑαυτόν· ηὔχοντο δὲ παν-
ταχόθεν τῆς γῆς διάφορα καὶ ποικίλα. Συμπαρακύψας γὰρ
καὶ αὐτὸς ἐπήκουον ἅμα τῶν εὐχῶν. Ἦσαν δὲ τοιαίδε·
„Ὦ Ζεῦ, βασιλεῦσαί μοι γένοιτο." „Ὦ Ζεῦ, τὰ κρόμμυά
μοι φῦναι καὶ τὰ σκόροδα." „Ὦ θεοί, τὸν πατέρα μοι
ταχέως ἀποθανεῖν." Ὁ δέ τις ἔφη· „Εἴθε κληρονομήσαιμι
τῆς γυναικός." „Εἴθε λάθοιμι ἐπιβουλεύσας τῷ ἀδελφῷ."
„Γένοιτό μοι νικῆσαι τὴν δίκην, στεφθῆναι τὰ Ὀλύμπια."
Τῶν πλεόντων δὲ ὁ μὲν βορέαν ηὔχετο ἐπιπνεῦσαι, ὁ δὲ

νότον, ὁ δὲ γεωργὸς ᾔτει ὑετόν, ὁ δὲ κναφεὺς ἥλιον. Ἐπακούων δὲ ὁ Ζεὺς καὶ τὴν εὐχὴν ἑκάστην ἀκριβῶς ἐξετάζων οὐ πάντα ὑπισχνεῖτο,

ἀλλ' ἕτερον μὲν ἔδωκε πατήρ, ἕτερον δ' ἀνένευσε·

τὰς μὲν γὰρ δικαίας τῶν εὐχῶν προσίετο ἄνω διὰ τοῦ στομίου καὶ ἐπὶ τὰ δεξιὰ κατετίθει φέρων, τὰς δὲ ἀνοσίους ἀπράκτους αὖθις ἀπέπεμπεν ἀποφυσῶν κάτω, ἵνα μηδὲ πλησίον γένοιντο τοῦ οὐρανοῦ. Ἐπὶ μιᾶς δέ τινος εὐχῆς καὶ ἀποροῦντα αὐτὸν ἐθεασάμην· δύο γὰρ ἀνδρῶν τἀναντία εὐχομένων καὶ τὰς ἴσας θυσίας ὑπισχνουμένων οὐκ εἶχεν, ὁποτέρῳ μᾶλλον ἐπινεύσειεν αὐτῶν, ὥστε δὴ τὸ Ἀκαδημαϊκὸν ἐκεῖνο ἐπεπόνθει καὶ οὐδέν τι ἀποφήνασθαι δυνατὸς ἦν, ἀλλ' ὥσπερ ὁ Πύρρων ἐπεῖχεν ἔτι καὶ διεσκέπτετο.

Ἐπεὶ δὲ ἱκανῶς ἐχρημάτισε ταῖς εὐχαῖς, ἐπὶ τὸν ἑξῆς μεταβὰς θρόνον καὶ τὴν δευτέραν θυρίδα κατακύψας τοῖς ὅρκοις ἐσχόλαζε καὶ τοῖς ὀμνύουσι.

Χρηματίσας δὲ καὶ τούτοις καὶ τὸν Ἐπικούρειον Ἑρμόδωρον ἐπιτρίψας μετεκαθέζετο ἐπὶ τὸν ἑξῆς θρόνον κληδόσι καὶ φήμαις καὶ οἰωνοῖς προσέξων.

Εἶτ' ἐκεῖθεν ἐπὶ τὴν τῶν θυσιῶν θυρίδα μετῄει, δι' ἧς ὁ καπνὸς ἀνιὼν ἀπήγγελλε τῷ Διὶ τοῦ θύοντος ἑκάστου τοὔνομα.

Ἀποστὰς δὲ τούτων προσέταττε τοῖς ἀνέμοις καὶ ταῖς ὥραις, ἃ δεῖ ποιεῖν· ,,Τήμερον παρὰ Σκύθαις ὑέτω, παρὰ Λίβυσιν ἀστραπτέτω, παρ' Ἕλλησι νιφέτω, σὺ δὲ ὁ Βορρᾶς πνεῦσον ἐν Λυδίᾳ, σὺ δὲ ὁ Νότος ἡσυχίαν ἄγε, ὁ δὲ Ζέφυρος τὸν Ἀδρίαν διακυμαινέτω καὶ τῆς χαλάζης ὅσον μέδιμνοι χίλιοι διασκεδασθήτωσαν ὑπὲρ Καππαδοκίας."

4. An der Tafel der Himmlischen.

Ἁπάντων δὲ ἤδη σχεδὸν αὐτῷ διῳκημένων ἀπῄειμεν ἐς τὸ συμπόσιον· δείπνου γὰρ ἤδη καιρὸς ἦν· καί με ὁ Ἑρμῆς παραλαβὼν κατέκλινε παρὰ τὸν Πᾶνα καὶ τοὺς Κορύβαντας καὶ τὸν Ἄττην καὶ τὸν Σαβάζιον, τοὺς μετοίκους τούτους καὶ ἀμφιβόλους θεούς.

Καὶ ἄρτον δὲ ἡ Δημήτηρ παρεῖχε καὶ ὁ Διόνυσος οἶνον καὶ ὁ Ἡρακλῆς κρέα καὶ μύρτα ἡ Ἀφροδίτη καὶ ὁ Ποσειδῶν μαινίδας. Ἅμα δὲ καὶ τῆς ἀμβροσίας ἠρέμα καὶ τοῦ νέκταρος παρεγευόμην· ὁ γὰρ βέλτιστος Γανυμήδης ὑπὸ φιλανθρωπίας, εἰ θεάσαιτο ἀποβλέποντά ποι τὸν Δία, κοτύλην ἂν ἢ καὶ δύο τοῦ νέκταρος ἐνέχει μοι φέρων. Οἱ δὲ θεοί, ὡς Ὅμηρός που λέγει καὶ αὐτὸς οἶμαι, καθάπερ ἐγὼ τἀκεῖ τεθεαμένος, οὔτε σῖτον ἔδουσιν οὔτε πίνουσιν αἴθοπα οἶνον, ἀλλὰ τὴν ἀμβροσίην παρατίθενται καὶ τοῦ νέκταρος μεθύσκονται, μάλιστα δὲ ἥδονται σιτούμενοι τὸν ἐκ τῶν θυσιῶν καπνὸν αὐτῇ κνίσῃ ἀνενηνεγμένον καὶ τὸ αἷμα δὲ τῶν ἱερείων, ὃ τοῖς βωμοῖς οἱ θύοντες περιχέουσιν.

Ἐν δὲ τῷ δείπνῳ ὅ τε Ἀπόλλων ἐκιθάρισε καὶ ὁ Σειληνὸς κόρδακα ὠρχήσατο καὶ αἱ Μοῦσαι ἀναστᾶσαι τῆς τε Ἡσιόδου Θεογονίας ᾖσαν ἡμῖν καὶ τὴν πρώτην ᾠδὴν τῶν ὕμνων τῶν Πινδάρου. Κἀπειδὴ κόρος ἦν, ἀνεπαυόμεθα, ὡς εἶχεν ἕκαστος, ἱκανῶς ὑποβεβρεγμένος.

Ἄλλοι μέν ῥα θεοί τε καὶ ἀνέρες ἱπποκορυσταὶ
εὗδον παννύχιοι, ἐμὲ δ' οὐκ ἔχε νήδυμος ὕπνος·

ἀνελογιζόμην γὰρ πολλὰ μὲν καὶ ἄλλα, μᾶλλον δὲ ἐκεῖνα, πῶς ἐν τοσούτῳ χρόνῳ ὁ Ἀπόλλων οὐ φύει πώγωνα ἢ πῶς γίνεται νὺξ ἐν οὐρανῷ τοῦ Ἡλίου παρόντος ἀεὶ καὶ συνευωχουμένου.

✱

5. Ein Götterrat.

Τότε μὲν οὖν μικρόν τι κατέδαρθον, ἕωθεν δὲ διαναστὰς ὁ Ζεὺς προσέταττε κηρύττειν ἐκκλησίαν. Κἀπειδὴ παρῆσαν ἅπαντες, ἄρχεται λέγειν·

„Πάλαι βουλόμενος ὑμῖν κοινώσασθαι περὶ τῶν φιλοσόφων, ἔγνων μηκέτ' ἐπὶ πλέον παρατεῖναι τὴν διάσκεψιν· γένος γάρ τι ἀνθρώπων ἐστίν, οὐ πρὸ πολλοῦ τῷ βίῳ ἐπιπολάζον, ἀργόν, φιλόνεικον, κενόδοξον, ὀξύχολον, ὑπόλιχνον, ὑπόμωρον, τετυφωμένον, ὕβρεως ἀνάπλεων καί, ἵνα καθ' Ὅμηρον εἴπω, ,ἐτώσιον ἄχθος ἀρούρης.'

Οἱ δὲ δὴ Ἐπικούρειοι αὐτῶν λεγόμενοι μάλα δὴ καὶ ὑβρισταί εἰσι καὶ οὐ μετρίως ἡμῶν καθάπτονται, μήτε ἐπιμελεῖσθαι τῶν ἀνθρωπίνων λέγοντες τοὺς θεοὺς μήτε ὅλως τὰ γιγνόμενα ἐπισκοπεῖν· ὥστε ὥρα ὑμῖν λογίζεσθαι, διότι, ἢν ἅπαξ οὗτοι πεῖσαι τὸν βίον δυνηθῶσιν, οὐ μετρίως πεινήσετε. Τίς γὰρ ἂν ἔτι θύσειεν ὑμῖν πλέον οὐδὲν ἕξειν προσδοκῶν; Πρὸς ταῦτα βουλεύεσθε, ἃ καὶ τοῖς ἀνθρώποις γένοιτ' ἂν ὠφελιμώτατα καὶ ἡμῖν ἀσφαλέστατα."

Εἰπόντος ταῦτα τοῦ Διὸς ἡ ἐκκλησία διετεθρύλητο καὶ εὐθὺς ἐβόων ἅπαντες· „Κεραύνωσον, κατάφλεξον, ἐπίτριψον, ἐς τὸ βάραθρον, ἐς τὸν Τάρταρον ὡς τοὺς Γίγαντας." Ἡσυχίαν δὲ ὁ Ζεὺς αὖθις παραγγείλας· „Ἔσται ταῦτα, ὡς βούλεσθε," ἔφη, „καὶ πάντες ἐπιτρίψονται αὐτῇ διαλεκτικῇ, πλὴν τό γε νῦν εἶναι οὐ θέμις κολασθῆναί τινα· ἱερομηνία γάρ ἐστιν, ὡς ἴστε, μηνῶν τούτων τεττάρων καὶ ἤδη τὴν ἐκεχειρίαν περιηγγειλάμην. Ἐς νέωτα οὖν ἀρχομένου ἦρος κακοὶ κακῶς ἀπολοῦνται τῷ σμερδαλέῳ κεραυνῷ."

Ἦ καὶ κυανέῃσιν ἐπ' ὀφρύσι νεῦσε Κρονίων.

„Περὶ δὲ Μενίππου ταῦτα," ἔφη, „μοι δοκεῖ· περιαιρεθέντα αὐτὸν τὰ πτερά, ἵνα μὴ καὶ αὖθις ἔλθῃ ποτέ, ὑπὸ τοῦ Ἑρμοῦ ἐς τὴν γῆν κατενεχθῆναι τήμερον."

Καὶ ὁ μὲν ταῦτα εἰπὼν διέλυσε τὸν σύλλογον, ἐμὲ δὲ ὁ Κυλλήνιος τοῦ δεξιοῦ ὠτὸς ἀποκρεμάσας περὶ ἑσπέραν χθὲς κατέθηκε φέρων ἐς τὸν Κεραμεικόν.

*

B. Zwei Gespräche.

1. Rangstreit zwischen zwei neugebackenen Göttern.

ΖΕΥΣ. Παύσασθε, ὦ Ἀσκληπιὲ καὶ Ἡράκλεις, ἐρίζοντες πρὸς ἀλλήλους ὥσπερ ἄνθρωποι· ἀπρεπῆ γὰρ ταῦτα καὶ ἀλλότρια τοῦ συμποσίου τῶν θεῶν.

ΗΡΑΚΛΗΣ. Ἀλλὰ ἐθέλεις, ὦ Ζεῦ, τουτονὶ τὸν φαρμακέα προκατακλίνεσθαί μου;

ΑΣΚΛΗΠΙΟΣ. Νὴ Δία· καὶ ἀμείνων γάρ εἰμι.

ΗΡΑΚΛΗΣ. Κατὰ τί, ὦ ἐμβρόντητε; Ἢ διότι σε ὁ Ζεὺς ἐκεραύνωσεν, ἃ μὴ θέμις ποιοῦντα, νῦν δὲ κατ' ἔλεον αὖθις ἀθανασίας μετείληφας;

ΑΣΚΛΗΠΙΟΣ. Ἐπιλέλησαι γὰρ καὶ σύ, ὦ Ἡράκλεις, ἐν τῇ Οἴτῃ καταφλεγείς, ὅτι μοι ὀνειδίζεις τὸ πῦρ;

ΗΡΑΚΛΗΣ. Οὔκουν ἴσα καὶ ὅμοια βεβίωται ἡμῖν, ὃς Διὸς μὲν υἱός εἰμι, τοσαῦτα δὲ πεπόνηκα, ἐκκαθαίρων τὸν βίον, θηρία καταγωνιζόμενος καὶ ἀνθρώπους ὑβριστὰς τιμωρούμενος· σὺ δὲ ῥιζοτόμος εἶ καὶ ἀγύρτης, νοσοῦσι μὲν ἴσως ἀνθρώποις χρήσιμος ἐπιθήσειν τῶν φαρμάκων, ἀνδρῶδες δὲ οὐδὲν ἐπιδεδειγμένος.

ΑΣΚΛΗΠΙΟΣ. Εὖ λέγεις, ὅτι σου τὰ ἐγκαύματα ἰασάμην, ὅτε πρῴην ἀνῆλθες ἡμίφλεκτος, ὑπ' ἀμφοῖν διεφθαρμένος τὸ σῶμα, καὶ τοῦ χιτῶνος καὶ μετὰ τοῦτο τοῦ πυρός·

ἐγὼ δέ, εἰ καὶ μηδὲν ἄλλο, οὔτε ἐδούλευσα, ὥσπερ σύ, οὔτε ἔξαινον ἔρια ἐν Λυδίᾳ πορφυρίδα ἐνδεδυκὼς καὶ παιόμενος ὑπὸ τῆς Ὀμφάλης χρυσῷ σανδάλῳ, ἀλλὰ οὐδὲ μελαγχολήσας ἀπέκτεινα τὰ τέκνα καὶ τὴν γυναῖκα.

ΗΡΑΚΛΗΣ. Εἰ μὴ παύσῃ λοιδορούμενός μοι, αὐτίκα μάλα εἴσῃ, ὡς οὐ πολύ σε ὀνήσει ἡ ἀθανασία, ἐπεὶ ἀράμενός σε ῥίψω ἐπὶ κεφαλὴν ἐκ τοῦ οὐρανοῦ, ὥστε μηδὲ τὸν Παιῶνα ἰάσασθαί σε τὸ κρανίον συντριβέντα.

ΖΕΥΣ. Παύσασθε, φημί, καὶ μὴ ἐπιταράττετε ἡμῖν τὴν ξυνουσίαν, ἢ ἀμφοτέρους ἀποπέμψομαι ὑμᾶς τοῦ ξυμποσίου. Καίτοι εὔγνωμον, ὦ Ἡράκλεις, προκατακλίνεσθαί σου τὸν Ἀσκληπιὸν, ἅτε καὶ πρότερον ἀποθανόντα.

*

2. Charon verlangt seinen Obolus.

ΧΑΡΩΝ. Ἀπόδος, ὦ κατάρατε, τὰ πορθμεῖα.
ΜΕΝΙΠΠΟΣ. Βόα, εἰ τοῦτό σοι, ὦ Χάρων, ἥδιον.
ΧΑΡΩΝ. Ἀπόδος, φημί, ἀνθ' ὧν σε διεπορθμεύσαμεν.
ΜΕΝΙΠΠΟΣ. Οὐκ ἂν λάβοις παρὰ τοῦ μὴ ἔχοντος.
ΧΑΡΩΝ. Ἔστι δέ τις ὀβολὸν μὴ ἔχων;
ΜΕΝΙΠΠΟΣ. Εἰ μὲν καὶ ἄλλος τις, οὐκ οἶδα, ἐγὼ δ' οὐκ ἔχω.
ΧΑΡΩΝ. Καὶ μὴν ἄγξω σε νὴ τὸν Πλούτωνα, ὦ μιαρέ, ἢν μὴ ἀποδῷς.
ΜΕΝΙΠΠΟΣ. Κἀγὼ τῷ ξύλῳ σου πατάξας διαλύσω τὸ κρανίον.
ΧΑΡΩΝ. Μάτην οὖν ἔσῃ πεπλευκὼς τοσοῦτον πλοῦν;
ΜΕΝΙΠΠΟΣ. Ὁ Ἑρμῆς ὑπὲρ ἐμοῦ σοι ἀποδότω, ὅς με παρέδωκέ σοι.
ΕΡΜΗΣ. Νὴ Δί' ὠνάμην γε, εἰ μέλλω καὶ ὑπερεκτείνειν τῶν νεκρῶν.

ΧΑΡΩΝ. Οὐκ ἀποστήσομαί σου.
ΜΕΝΙΠΠΟΣ. Τούτου γε ἕνεκα καὶ νεωλκήσας τὸ πορθμεῖον παράμενε· πλὴν ἀλλ' ὅ γε μὴ ἔχω, πῶς ἂν λάβοις;
ΧΑΡΩΝ. Σὺ δ' οὐκ ᾔδεις, ὡς κομίζεσθαι δέον;
ΜΕΝΙΠΠΟΣ. Ἤιδειν μέν, οὐκ εἶχον δέ. Τί οὖν; Ἐχρῆν διὰ τοῦτο μὴ ἀποθανεῖν;
ΧΑΡΩΝ. Μόνος οὖν αὐχήσεις προῖκα πεπλευκέναι;
ΜΕΝΙΠΠΟΣ. Οὐ προῖκα, ὦ βέλτιστε· καὶ γὰρ ἤντλησα καὶ τῆς κώπης συνεπελαβόμην καὶ οὐκ ἔκλαον μόνος τῶν ἄλλων ἐπιβατῶν.
ΧΑΡΩΝ. Οὐδὲν ταῦτα πρὸς πορθμέα· τὸν ὀβολὸν ἀποδοῦναί σε δεῖ· οὐ θέμις ἄλλως γενέσθαι.
ΜΕΝΙΠΠΟΣ. Οὐκοῦν ἄπαγέ με αὖθις ἐς τὸν βίον.
ΧΑΡΩΝ. Χαρίεν λέγεις, ἵνα καὶ πληγὰς ἐπὶ τούτῳ παρὰ τοῦ Αἰακοῦ προσλάβω.
ΜΕΝΙΠΠΟΣ. Μὴ ἐνόχλει οὖν.
ΧΑΡΩΝ. Δεῖξον, τί ἐν τῇ πήρᾳ ἔχεις.
ΜΕΝΙΠΠΟΣ. Θέρμους, εἰ θέλεις, καὶ τῆς Ἑκάτης τὸ δεῖπνον.
ΧΑΡΩΝ. Πόθεν τοῦτον ἡμῖν, ὦ Ἑρμῆ, τὸν κύνα ἤγαγες; Οἷα δὲ καὶ ἐλάλει παρὰ τὸν πλοῦν τῶν ἐπιβατῶν ἁπάντων καταγελῶν καὶ ἐπισκώπτων καὶ μόνος ᾄδων οἰμωζόντων ἐκείνων.
ΕΡΜΗΣ. Ἀγνοεῖς, ὦ Χάρων, ὅντινα ἄνδρα διεπόρθμευσας; Ἐλεύθερον ἀκριβῶς κοὐδενὸς αὐτῷ μέλει. Οὗτός ἐστιν ὁ Μένιππος.
ΧΑΡΩΝ. Καὶ μὴν ἄν σε λάβω ποτέ - -
ΜΕΝΙΠΠΟΣ. Ἂν λάβῃς, ὦ βέλτιστε· δὶς δὲ οὐκ ἂν λάβοις.

C. Witziges und Spitziges.

1. Scherzhafte Vorschriften für eine würdige Feier der Saturnalien.

Μηδένα μηδὲν μήτε ἀγοραῖον μήτε ἴδιον πράττειν ἐντὸς τῆς ἑορτῆς, ἢ ὅσα ἐς παιδιὰν καὶ τρυφὴν καὶ θυμηδίαν, ὀψοποιοὶ μόνοι καὶ πεμματουργοὶ ἐνεργοὶ ἔστωσαν.

Ἰσοτιμία πᾶσιν ἔστω καὶ δούλοις καὶ ἐλευθέροις, καὶ πέ-
5 νησι καὶ πλουσίοις.

Ὀργίζεσθαι ἢ ἀγανακτεῖν ἢ ἀπειλεῖν μηδενὶ ἐξέστω.

Πρὸ πολλοῦ τῆς ἑορτῆς οἱ πλούσιοι γραφόντων μὲν ἐς πινάκιον ἑκάστου τῶν φίλων τοὔνομα, ἐχόντων δὲ καὶ ἀργύριον ἕτοιμον, ὅσον τῶν κατ' ἔτος προσιόντων τὸ δέκατον,
10 καὶ ἐσθῆτα τῆς οὔσης τὴν περιττὴν, καὶ ὅση παχυτέρα ἢ κατ' αὐτοὺς κατασκευή, καὶ τῶν ἀργυρῶν οὐκ ὀλίγα. Ταῦτα μὲν πρόχειρα ἔστω.

Τῇ δὲ πρὸ τῆς ἑορτῆς καθάρσιον μέν τι περιφερέσθω καὶ ὑπ' αὐτῶν ἐξελαυνέσθω ἐκ τῆς οἰκίας μικρολογία καὶ
15 φιλαργυρία καὶ φιλοκερδία, καὶ ὅσα τοιαῦτα ἄλλα σύνοικα τοῖς πλείστοις αὐτῶν.

Κατανείμαντες δὲ αὐτοὶ κατ' ἀξίαν ἑκάστῳ, πρὶν ἥλιον δῦναι, πεμπόντων τοῖς φίλοις.

Οἱ δὲ ἀποκομίζοντες μὴ πλείους τριῶν ἢ τεττάρων, οἱ
20 πιστότατοι τῶν οἰκετῶν, ἤδη πρεσβῦται.

Ἐγγραψάσθω δὲ ἐς γραμμάτιον, ὅ τι τὸ πεμπόμενον καὶ ὅσον, ὡς μὴ ἀμφότεροι ὑποπτεύοιεν τοὺς διακομίζοντας.

Αὐτοὶ δὲ οἱ οἰκέται μίαν κύλικα ἕκαστος πιόντες ἀποτρεχόντων, ἀπαιτούντων δὲ μηδὲν πλέον.

25 Τοῖς πεπαιδευμένοις διπλάσια πάντα πεμπέσθω· ἄξιον γὰρ διμοιρίτας εἶναι.

Τὰ δὲ ἐπὶ τοῖς δώροις λεγόμενα ὡς μετριώτατα καὶ ὀλίγιστα ἔστω· ἐπαχθὲς δὲ μηδεὶς μηδὲν συνεπιστελλέτω μηδὲ ἐπαινείτω τὰ πεμπόμενα.

Τῶν εἰς τὸ πεμφθῆναι προχειρισθέντων φυλαττέσθω μηδὲν μηδὲ μετάνοια εἰσίτω ἐπὶ τῇ δωρεᾷ. Εἴ τις πέρυσιν ἀποδημῶν δι' αὐτὸ ἄμοιρος κατέστη, ἀπολαμβανέτω κἀκεῖνα.

Διαλυόντων δὲ οἱ πλούσιοι καὶ χρέα ὑπὲρ τῶν φίλων τῶν πενήτων καὶ τὸ ἐνοίκιον, οἵτινες ἂν καὶ τοῦτο ὀφείλοντες καταβαλεῖν μὴ ἔχωσι· καὶ ὅλως, πρὸ πολλοῦ μελέτω αὐτοῖς εἰδέναι, ὅτου μάλιστα δέονται.

Ἀπέστω δὲ καὶ τῶν λαμβανόντων μεμψιμοιρία καὶ τὸ πεμφθέν, ὁποῖον ἂν ᾖ, μέγα δοκείτω.

Οἴνου ἀμφορεὺς ἢ λαγὼς ἢ ὄρνις παχεῖα Κρονίων δῶρον μὴ δοκείτω.

Ἀντιπεμπέτω δὲ ὁ πένης τῷ πλουσίῳ, ὁ μὲν πεπαιδευμένος βιβλίον τῶν παλαιῶν, εἴ τι εὔφημον καὶ συμποτικόν, ἢ αὐτοῦ σύγγραμμα, ὁποῖον ἂν δύνηται, καὶ τοῦτο λαμβανέτω ὁ πλούσιος πάνυ φαιδρῷ τῷ προσώπῳ καὶ λαβὼν ἀναγινωσκέτω εὐθύς, οἱ δὲ ἄλλοι οἱ μὲν στεφάνους, οἱ δὲ λιβανωτοῦ χόνδρους πεμπόντων.

Ἢν δὲ πένης ἐσθῆτα ἢ ἄργυρον ἢ χρυσὸν παρὰ τὴν δύναμιν πέμψῃ πλουσίῳ, τὸ μὲν πεμφθὲν ἔστω δημόσιον καὶ καταπραθὲν ἐμβαλλέσθω εἰς τὸν θησαυρὸν τοῦ Κρόνου, ὁ δὲ πένης ἐς τὴν ὑστεραίαν πληγὰς παρὰ τοῦ πλουσίου λαμβανέτω τῷ νάρθηκι εἰς τὰς χεῖρας οὐκ ἐλάττους διακοσίων καὶ πεντήκοντα.

Κατακείσθω, ὅπου ἂν τύχῃ, ἕκαστος· ἀξίωμα ἢ γένος ἢ πλοῦτος ὀλίγον συντελείτω ἐς προνομήν.

Οἴνου τοῦ αὐτοῦ πίνειν ἅπαντας· μηδ' ἔστω πρόφασις τῷ πλουσίῳ ἢ στομάχου ἢ κεφαλῆς ὀδύνη, ὡς μόνον δι' αὐτὴν πίνειν τοῦ κρείττονος.

Μοῖρα κρεῶν κατ' ἴσον ἅπασιν· μηδὲ τῷ μὲν μεγάλα,
τῷ δὲ κομιδῇ μικρὰ παρατιθέσθω, μηδὲ τῷ μὲν ὁ μηρός,
τῷ δὲ ἡ γνάθος συός, ἀλλ' ἰσότης ἐπὶ πᾶσιν.

Ὁ οἰνοχόος ὀξὺ δεδορκέτω ἐκ περιωπῆς ἐς ἕκαστον καὶ
ἔλαττον ἐς τὸν δεσπότην καὶ ἐπ' ὀξύτερον ἀκουέτω.
Καὶ κύλικες παντοῖαι.
Καὶ ἐξέστω παρέχειν, ἤν τις ἐθέλῃ, φιλοτησίαν.
Πάντες πᾶσι προπινέτωσαν, ἢν ἐθέλωσι, προπιόντος τοῦ πλουσίου.
Μὴ ἐπάναγκες ἔστω πίνειν, ἤν τις μὴ δύνηται.
Εἰς τὸ συμπόσιον μήτε ὀρχηστὴν μήτε κιθαριστὴν αὐτοὺς
ἄγειν ἄρτι μανθάνοντα ἐξέστω, ἤν τις ἐθέλῃ.
Σκώμματος μέτρον ἔστω τὸ ἄλυπον ἐπὶ πᾶσιν.
Ἐπὶ πᾶσι πεττευέτωσαν ἐπὶ καρύων· ἤν τις ἐπ' ἀργυρίῳ
πεττεύσῃ, ἄσιτος ἐς τὴν ὑστεραίαν ἔστω.
Καὶ μενέτω καὶ ἀπίτω ἕκαστος, ὁπόταν βούληται.
Ἐπὰν δὲ τοὺς οἰκέτας ὁ πλούσιος εὐωχῇ, διακονούντων
καὶ οἱ φίλοι σὺν αὐτῷ.

Τοὺς νόμους τούτους ἕκαστον τῶν πλουσίων ἐγγράψαντα
ἐς χαλκῆν στήλην ἔχειν ἐν μεσαιτάτῳ τῆς αὐλῆς καὶ ἀναγινωσκέτω.

*

2. Treffende Antworten und Aussprüche eines griechischen Philosophen.

Βούλομαι ἔνια παραθέσθαι τῶν εὐστόχως τε ἅμα καὶ
ἀστείως ὑπὸ Δημώνακτος λελεγμένων·
Ἐπεί τις ἀθλητὴς καταγελασθεὶς ὑπ' αὐτοῦ, ὅτι ἐσθῆτα
ὤφθη ἀνθινὴν ἀμπεχόμενος Ὀλυμπιονίκης ὤν, ἐπάταξεν
αὐτὸν εἰς τὴν κεφαλὴν λίθῳ καὶ αἷμα ἐρρύη, οἱ μὲν παρόντες ἠγανάκτουν, ὡς αὐτὸς ἕκαστος τετυπτημένος, καὶ ἐβόων

ἐπὶ τὸν ἀνθύπατον ἰέναι, ὁ δὲ Δημῶναξ· "Μηδαμῶς," ἔφη, "ὦ ἄνδρες, πρὸς τὸν ἀνθύπατον, ἀλλ' ἐπὶ τὸν ἰατρόν."

Ἐπεὶ δὲ Ἡρώδης ὁ πάνυ ἐπένθει τὸν Πολυδεύκην πρὸ ὥρας ἀποθανόντα καὶ ἠξίου ὄχημα ζεύγνυσθαι αὐτῷ καὶ ἵππους παρίστασθαι ὡς ἀναβησομένῳ καὶ δεῖπνον παρασκευάζεσθαι, προσελθών· "Παρὰ Πολυδεύκους," ἔφη, "κομίζω σοί τινα ἐπιστολήν." Ἡσθέντος δὲ ἐκείνου καὶ οἰηθέντος, ὅτι κατὰ τὸ κοινὸν καὶ αὐτὸς συντρέχει τοῖς ἄλλοις τῷ πάθει αὐτοῦ, καὶ εἰπόντος· "Τί οὖν, ὦ Δημῶναξ, Πολυδεύκης ἀξιοῖ;" "Αἰτιᾶταί σε," ἔφη, "ὅτι μὴ ἤδη πρὸς αὐτὸν ἄπει."

Ὁ δ' αὐτὸς υἱὸν πενθοῦντι καὶ ἐν σκότῳ ἑαυτὸν καθείρξαντι προσελθὼν ἔλεγε μάγος τε εἶναι καὶ δύνασθαι ἀναγαγεῖν τοῦ παιδὸς τὸ εἴδωλον, εἰ μόνον αὐτῷ τρεῖς τινας ἀνθρώπους ὀνομάσειε, μηδένα πώποτε πεπενθηκότας· ἐπὶ πολὺ δὲ ἐκείνου ἐνδοιάσαντος καὶ ἀποροῦντος — οὐ γὰρ εἶχέ τινα, οἶμαι, εἰπεῖν τοιοῦτον —· "Εἶτ'," ἔφη, "ὦ γελοῖε, μόνος ἀφόρητα πάσχειν νομίζεις, μηδένα ὁρῶν πένθους ἄμοιρον;"

Ἀγαθοκλέους δὲ τοῦ Περιπατητικοῦ μέγα φρονοῦντος, ὅτι μόνος αὐτός ἐστι καὶ πρῶτος τῶν διαλεκτικῶν, ἔφη· "Καί, μήν, ὦ Ἀγαθόκλεις, εἰ μὲν πρῶτος, οὐ μόνος, εἰ δὲ μόνος οὐ πρῶτος."

Ἐπεὶ δέ ποτε πλεῖν μέλλοντι αὐτῷ διὰ χειμῶνος ἔφη τις τῶν φίλων· "Οὐ δέδοικας, μὴ ἀνατραπέντος τοῦ σκάφους ὑπὸ ἰχθύων καταβρωθῇς;" "Κᾆτ' ἀγνώμων ἂν εἴην," ἔφη, "ὀκνῶν ὑπὸ ἰχθύων καταδασθῆναι, τοσούτους αὐτὸς ἰχθῦς καταφαγών."

Ῥήτορι δέ τινι κάκιστα μελετήσαντι συνεβούλευεν ἀσκεῖν καὶ γυμνάζεσθαι. Τοῦ δὲ εἰπόντος· "Ἀεὶ ἐπ' ἐμαυτοῦ λέγω," "Εἰκότως τοίνυν," ἔφη, "τοιαῦτα λέγεις μωρῷ ἀκροατῇ χρώμενος."

Καὶ μάντιν δέ ποτε ἰδὼν δημοσίᾳ ἐπὶ μισθῷ μαντευόμενον· "Οὐχ ὁρῶ," ἔφη, "ἐφ' ὅτῳ τὸν μισθὸν ἀπαιτεῖς· εἰ μὲν γάρ, ὡς ἀλλάξαι τι δυνάμενος τῶν ἐπικεκλωσμένων, ὀλίγον αἰτεῖς, ὁπόσον ἂν αἰτῇς, εἰ δέ, ὡς δέδοκται τῷ θεῷ, πάντα ἔσται, τί σου δύναται ἡ μαντική;"

Πρεσβύτου δέ τινος Ῥωμαίου εὐσωματοῦντος καὶ τὴν ἐνόπλιον αὐτῷ μάχην πρὸς πάτταλον ἐπιδειξαμένου καὶ ἐρομένου· „Πῶς σοι, Δημῶναξ, μεμαχῆσθαι ἔδοξα;" „Καλῶς,', ἔφη, „ἂν ξύλινον τὸν ἀνταγωνιστὴν ἔχῃς."

Καὶ μὴν καὶ πρὸς τὰς ἀπόρους τῶν ἐρωτήσεων πάνυ εὐστόχως παρεσκεύαστο· ἐρομένου γάρ τινος ἐπὶ χλευασμῷ· „Εἰ χιλίας μνᾶς ξύλων καύσαιμι, ὦ Δημῶναξ, πόσαι μναῖ ἂν καπνοῦ γένοιντο;" „Στῆσον," ἔφη, „τὴν σποδὸν καὶ τὸ λοιπὸν πᾶν καπνός ἐστι."

Πολυβίου δέ τινος, κομιδῇ ἀπαιδεύτου ἀνθρώπου καὶ σολοίκου, εἰπόντος· „Ὁ βασιλεύς με τῇ Ῥωμαίων πολιτείᾳ τετίμηκεν," „Εἴθε σε," ἔφη, „Ἕλληνα μᾶλλον ἢ Ῥωμαῖον πεποίηκεν."

Ἰδὼν δέ τινα τῶν εὐπαρύφων ἐπὶ τῷ πλάτει τῆς πορφύρας μέγα φρονοῦντα, κύψας αὐτοῦ πρὸς τὸ οὖς καὶ τῆς ἐσθῆτος λαβόμενος καὶ δείξας· „Τοῦτο μέντοι," ἔφη, „πρὸ σοῦ πρόβατον ἐφόρει καὶ ἦν πρόβατον."

Ἐρομένου δέ τινος· „Ὁποῖα νομίζεις τὰ ἐν Ἅιδου;" „Περίμεινον," ἔφη, „κἀκεῖθέν σοι ἐπιστελῶ."

Ἀδμήτῳ δέ τινι ποιητῇ φαύλῳ λέγοντι γεγραφέναι μονόστιχον ἐπίγραμμα, ὅπερ ἐν ταῖς διαθήκαις κεκέλευκεν ἐπιγραφῆναι αὐτοῦ τῇ στήλῃ — οὐ χεῖρον δὲ καὶ αὐτὸ εἰπεῖν·

„Γαῖα λάβ' Ἀδμήτου ἔλυτρον, βῆ δ' εἰς θεὸν αὐτός" —,

γελάσας εἶπεν· „Οὕτω καλόν ἐστιν, ὦ Ἄδμητε, τὸ ἐπίγραμμα, ὥστε ἐβουλόμην αὐτὸ ἤδη ἐπιγεγράφθαι."

Ἰδὼν δέ τις ἐπὶ τῶν σκελῶν αὐτοῦ, οἷα τοῖς γέρουσιν ἐπιεικῶς γίγνεται, ἤρετο· „Τί τοῦτο, ὦ Δημῶναξ;" Ὁ δὲ μειδιάσας· „Χάρων με ἔδακεν," ἔφη.

Ἀθηναίων δὲ σκεπτομένων κατὰ ζῆλον τὸν πρὸς Κορινθίους καταστήσασθαι θέαν μονομάχων προελθὼν εἰς αὐτούς· „Μὴ πρότερον," ἔφη, „ταῦτα, ὦ Ἀθηναῖοι, ψηφίσησθε, ἂν μὴ τοῦ Ἐλέου τὸν βωμὸν καθέλητε." Ἐπεὶ δὲ εἰς Ὀλυμπίαν ποτὲ ἐλθόντι αὐτῷ Ἠλεῖοι εἰκόνα 75 χαλκῆν ἐψηφίσαντο· „Μηδαμῶς τοῦτο," ἔφη, „ὦ ἄνδρες Ἠλεῖοι, μὴ δόξητε ὀνειδίζειν τοῖς προγόνοις ὑμῶν, ὅτι μήτε Σωκράτους μήτε Διογένους εἰκόνα ἀνατεθείκασιν."

Ταῦτα ὀλίγα πάνυ ἐκ πολλῶν ἀπεμνημόνευσα καὶ ἔστιν ἀπὸ τούτων τοῖς ἀναγινώσκουσι λογίζεσθαι, ὁποῖος ἐκεῖνος 80 ἀνὴρ ἐγένετο.

III.

REISEABENTEUER

1. Hinaus in den Ozean.
Landung auf der Weininsel.

Ὁρμηθείς ποτε ἀπὸ Ἡρακλείων στηλῶν καὶ ἀφεὶς ἐς τὸν ἑσπέριον ὠκεανὸν οὐρίῳ ἀνέμῳ τὸν πλοῦν ἐποιούμην. Αἰτία δέ μοι τῆς ἀποδημίας καὶ ὑπόθεσις ἡ τῆς διανοίας περιεργία καὶ πραγμάτων καινῶν ἐπιθυμία καὶ τὸ βούλε-
5 σθαι μαθεῖν, τί τὸ τέλος ἐστὶ τοῦ ὠκεανοῦ καὶ τίνες οἱ πέραν κατοικοῦντες ἄνθρωποι. Τούτου γε μέντοι ἕνεκα πάμπολλα μὲν σιτία ἐνεβαλόμην, ἱκανὸν δὲ καὶ ὕδωρ ἐνεθέμην, πεντήκοντα δὲ τῶν ἡλικιωτῶν προσεποιησάμην τὴν αὐτὴν ἐμοὶ γνώμην ἔχοντας, ἔτι δὲ καὶ
10 ὅπλων πολύ τι πλῆθος παρεσκευασάμην καὶ κυβερνήτην τὸν ἄριστον μισθῷ μεγάλῳ πείσας παρέλαβον καὶ τὴν ναῦν — ἄκατος δὲ ἦν — ὡς πρὸς μέγαν καὶ βίαιον πλοῦν ἐκρατυνάμην.

Ἡμέραν μὲν οὖν καὶ νύκτα οὐρίῳ πλέοντες ἔτι τῆς γῆς
15 ὑποφαινομένης οὐ σφόδρα βιαίως ἀνηγόμεθα, τῇ ἐπιούσῃ δὲ ἅμα ἡλίῳ ἀνατέλλοντι ὅ τε ἄνεμος ἐπεδίδου καὶ τὸ κῦμα ηὐξάνετο καὶ ζόφος ἐπεγίγνετο καὶ οὐκέτ' οὐδὲ στεῖλαι τὴν ὀθόνην δυνατὸν ἦν. Ἐπιτρέψαντες οὖν τῷ πνεύματι καὶ παραδόντες ἑαυτοὺς ἐχειμαζόμεθα ἡμέρας ἐννέα καὶ ἑβδομή-
20 κοντα, τῇ ὀγδοηκοστῇ δὲ ἄφνω ἐκλάμψαντος ἡλίου καθορῶμεν οὐ πόρρω νῆσον ὑψηλὴν καὶ δασεῖαν, οὐ τραχεῖ περιηχουμένην τῷ κύματι· καὶ γὰρ ἤδη τὸ πολὺ τῆς ζάλης

κατεπέπαυτο. Προσσχόντες οὖν καὶ ἀποβάντες ὡς ἂν ἐκ μακρᾶς ταλαιπωρίας πολὺν μὲν ἐπὶ τῆς γῆς χρόνον ἐκείμεθα, διαναστάντες δὲ ὅμως ἀπεκρίναμεν ἡμῶν αὐτῶν τριάκοντα μὲν φύλακας τῆς νεὼς παραμένειν, εἴκοσι δὲ σὺν ἐμοὶ ἀνελθεῖν ἐπὶ κατασκοπῇ τῶν ἐν τῇ νήσῳ.

Προελθόντες δὲ ὅσον σταδίους τρεῖς ἀπὸ τῆς θαλάττης δι' ὕλης ὁρῶμέν τινα στήλην χαλκοῦ πεποιημένην, Ἑλληνικοῖς γράμμασι καταγεγραμμένην, ἀμυδροῖς δὲ καὶ ἐκτετριμμένοις, λέγουσαν·
ΑΧΡΙ ΤΟΥΤΩΝ
ΗΡΑΚΛΗΣ ΚΑΙ ΔΙΟΝΥΣΟΣ
ΑΦΙΚΟΝΤΟ.

Ἦν δὲ καὶ ἴχνη δύο πλησίον ἐπὶ πέτρας, τὸ μὲν πλεθριαῖον, τὸ δὲ ἔλαττον· ἐμοὶ δοκεῖν, τὸ μὲν τοῦ Διονύσου τὸ μικρότερον, θάτερον δὲ Ἡρακλέους. Προσκυνήσαντες δ' οὖν προῄειμεν.

Οὔπω δὲ πολὺ παρῄειμεν καὶ ἐφιστάμεθα ποταμῷ οἶνον ῥέοντι, ὁμοιοτάτῳ μάλιστα, οἷόσπερ ὁ Χῖός ἐστιν. Ἄφθονον δὲ ἦν τὸ ῥεῦμα καὶ πολύ, ὥστε ἐνιαχοῦ καὶ ναυσίπορον εἶναι δύνασθαι. Ἐπῄει οὖν ἡμῖν πολὺ μᾶλλον πιστεύειν τῷ ἐπὶ τῆς στήλης ἐπιγράμματι, ὁρῶσι τὰ σημεῖα τῆς Διονύσου ἐπιδημίας. Δόξαν δέ μοι καὶ ὅθεν ἄρχεται ὁ ποταμὸς καταμαθεῖν, ἀνῄειν παρὰ τὸ ῥεῦμα καὶ πηγὴν μὲν οὐδεμίαν εὗρον αὐτοῦ, πολλὰς δὲ καὶ μεγάλας ἀμπέλους, πλήρεις βοτρύων, παρὰ δὲ τὴν ῥίζαν ἑκάστης ἀπέρρει σταγὼν οἴνου διαυγοῦς, ἀφ' ὧν ἐγίνετο ὁ ποταμός.

Ἦν δὲ καὶ ἰχθῦς ἐν αὐτῷ πολλοὺς ἰδεῖν, οἴνῳ μάλιστα καὶ τὴν χρόαν καὶ τὴν γεῦσιν προσεοικότας· ἡμεῖς γοῦν ἀγρεύσαντες αὐτῶν τινας καὶ ἐμφαγόντες ἐμεθύσθημεν· ἀμέλει καὶ ἀνατεμόντες αὐτοὺς εὑρίσκομεν τρυγὸς μεστούς. Ὕστερον μέντοι ἐπινοήσαντες τοὺς ἄλλους ἰχθῦς, τοὺς ἀπὸ τοῦ ὕδατος, παραμιγνύντες ἐκεράννυμεν τὸ σφοδρὸν τῆς οἰνοφαγίας.

2. Nach dem Mond verschlagen.

Καὶ δὴ λαβόντες ἀμφορέας τινὰς καὶ ὑδρευσάμενοί τε ἅμα καὶ ἐκ τοῦ ποταμοῦ οἰνισάμενοι καὶ αὐτοῦ πλησίον ἐπὶ τῆς ἠϊόνος αὐλισάμενοι ἕωθεν ἀνήχθημεν οὐ σφόδρα βιαίῳ πνεύματι. Περὶ μεσημβρίαν δὲ οὐκέτι τῆς νήσου φαι-
5 νομένης ἄφνω τυφὼν ἐπιγενόμενος καὶ περιδινήσας τὴν ναῦν καὶ μετεωρίσας ὅσον ἐπὶ σταδίους τρισχιλίους οὐκέτι καθῆκεν εἰς τὸ πέλαγος, ἀλλ' ἄνω μετέωρον ἐξαπηρτημένην ἄνεμος ἐμπεσὼν τοῖς ἱστίοις ἔφερε κυρτώσας τὴν ὀθόνην. Ἑπτὰ δὲ ἡμέρας καὶ τὰς ἴσας νύκτας ἀεροδρομήσαντες
10 ὀγδόῃ καθορῶμεν γῆν τινα μεγάλην ἐν τῷ ἀέρι, καθάπερ νῆσον, λαμπρὰν καὶ σφαιροειδῆ καὶ φωτὶ μεγάλῳ καταλαμπομένην· προσενεχθέντες δὲ αὐτῇ καὶ ὁρμισάμενοι ἀπέβημεν, ἐπισκοποῦντες δὲ τὴν χώραν εὑρίσκομεν οἰκουμένην τε καὶ γεωργουμένην. Ἡμέρας μὲν οὖν οὐδὲν αὐτόθεν καθεωρῶ-
15 μεν, νυκτὸς δὲ ἐπιγενομένης ἐφαίνοντο ἡμῖν καὶ ἄλλαι πολλαὶ νῆσοι πλησίον, αἱ μὲν μείζους, αἱ δὲ μικρότεραι, πυρὶ τὴν χρόαν προσεοικυῖαι, καὶ ἄλλη δέ τις γῆ κάτω καὶ πόλεις ἐν αὐτῇ καὶ ποταμοὺς ἔχουσα καὶ πελάγη καὶ ὕλας καὶ ὄρη. Ταύτην οὖν τὴν καθ' ἡμᾶς οἰκουμένην εἰκάζομεν.
20 Δόξαν δὲ ἡμῖν καὶ ἔτι πορρωτέρω προελθεῖν ξυνελήφθημεν τοῖς Ἱππογύποις παρ' αὐτοῖς καλουμένοις ἀπαντήσαντες. Οἱ δὲ Ἱππόγυποι οὗτοί εἰσιν ἄνδρες ἐπὶ γυπῶν μεγάλων ὀχούμενοι καὶ καθάπερ ἵπποις τοῖς ὀρνέοις χρώμενοι· μεγάλοι γὰρ οἱ γῦπες καὶ ὡς ἐπίπαν τρικέφαλοι. Μάθοι δ'
25 ἄν τις τὸ μέγεθος αὐτῶν ἐντεῦθεν· νεὼς γὰρ μεγάλης φορτίδος ἱστοῦ ἕκαστον τῶν πτερῶν μακρότερον καὶ παχύτερον φέρουσι. Τούτοις οὖν τοῖς Ἱππογύποις προστέτακται περιπετομένοις τὴν γῆν, εἴ τις εὑρεθείη ξένος, ἀνάγειν ὡς τὸν βασιλέα· καὶ δὴ καὶ ἡμᾶς ξυλλαβόντες ἀνάγουσιν ὡς αὐτόν.
30 Ὁ δὲ θεασάμενος καὶ ἀπὸ τῆς θέας καὶ τῆς στολῆς εἰκάσας· „Ἕλληνες ἄρα," ἔφη, „ὑμεῖς, ὦ ξένοι;" Συμφησάντων

δέ· „Πῶς οὖν ἀφίκεσθε," ἔφη, „τοσοῦτον ἀέρα διελθόντες;" Καὶ ἡμεῖς τὸ πᾶν αὐτῷ διηγούμεθα· καὶ ὃς ἀρξάμενος τὸ καθ' αὑτὸν ἡμῖν διεξήει, ὡς καὶ αὐτὸς ἄνθρωπος ὤν, τοὔνομα Ἐνδυμίων, ἀπὸ τῆς ἡμετέρας γῆς καθεύδων ἀναρπασθείη ποτὲ καὶ ἀφικόμενος βασιλεύσειε τῆς χώρας· εἶναι δὲ τὴν γῆν ἐκείνην ἔλεγε τὴν ἡμῖν κάτω φαινομένην Σελήνην. Ἀλλὰ θαρρεῖν τε παρεκελεύετο καὶ μηδένα κίνδυνον ὑφορᾶσθαι· πάντα γὰρ ἡμῖν παρέσεσθαι, ὧν δεόμεθα. 35

*

3. Absonderlichkeiten der Mondbewohner.
Wieder auf dem Meere.

Ἃ δὲ διατρίβων ἐν τῇ Σελήνῃ κατενόησα καινὰ καὶ παράδοξα, ταῦτα βούλομαι εἰπεῖν.

Ἐπειδὰν γηράσῃ ὁ ἄνθρωπος, οὐκ ἀποθνήσκει, ἀλλ' ὥσπερ ὁ καπνὸς διαλυόμενος ἀὴρ γίνεται. Τροφὴ δὲ πᾶσιν ἡ αὐτή· ἐπειδὰν γὰρ πῦρ ἀνακαύσωσι, βατράχους ὀπτῶσιν 5 ἐπὶ τῶν ἀνθράκων· πολλοὶ δὲ παρ' αὐτοῖς εἰσιν ἐν τῷ ἀέρι πετόμενοι· ὀπτωμένων δὲ περικαθεζόμενοι, ὥσπερ δὴ περὶ τράπεζαν, λάπτουσι τὸν ἀναθυμιώμενον καπνὸν καὶ εὐωχοῦνται.

Σίτῳ μὲν δὴ τρέφονται τοιούτῳ· ποτὸν δὲ αὐτοῖς ἐστιν ἀὴρ ἀποθλιβόμενος ἐς κύλικα, ὑγρὸν ἀνιεὶς ὥσπερ δρόσον. 10

Καλὸς δὲ νομίζεται παρ' αὐτοῖς, ἤν πού τις φαλακρὸς καὶ ἄκομος ᾖ, τοὺς δὲ κομήτας καὶ μυσάττονται. Ἐπὶ δὲ τῶν κομητῶν ἀστέρων τοὐναντίον τοὺς κομήτας νομίζουσι καλούς· ἐπεδήμουν γάρ τινες, οἳ καὶ περὶ ἐκείνων διηγοῦντο.

Καὶ μὴν καὶ γένεια φύουσι μικρὸν ὑπὲρ τὰ γόνατα. 15

Καὶ ὄνυχας ἐν τοῖς ποσὶν οὐκ ἔχουσιν, ἀλλὰ πάντες εἰσὶ μονοδάκτυλοι.

Ἔλαιον δὲ ποιοῦνται ἀπὸ τῶν κρομμύων, πάνυ λιπαρόν τε καὶ εὐῶδες ὥσπερ μύρον.

Ἀμπέλους δὲ πολλὰς ἔχουσιν ὑδροφόρους· αἱ γὰρ ῥᾶγες τῶν βοτρύων εἰσὶν ὥσπερ χάλαζα καί μοι δοκεῖ, ἐπειδὰν ἐμπεσὼν ἄνεμος διασείσῃ τὰς ἀμπέλους ἐκείνας, τότε πρὸς ἡμᾶς καταπίπτει ἡ χάλαζα, διαρραγέντων τῶν βοτρύων. Τῇ μέντοι γε γαστρὶ ὅσα πήρᾳ χρῶνται, τιθέντες ἐν αὐτῇ, ὅσων δέονται· ἀνοικτὴ γὰρ αὐτοῖς αὕτη καὶ πάλιν κλειστή ἐστιν.

Περὶ μέντοι τῶν ὀφθαλμῶν, οἵους ἔχουσιν, ὀκνῶ μὲν εἰπεῖν, μή τίς με νομίσῃ ψεύδεσθαι διὰ τὸ ἄπιστον τοῦ λόγου. Ὅμως δὲ καὶ τοῦτο ἐρῶ· τοὺς ὀφθαλμοὺς περιαιρετοὺς ἔχουσι καὶ ὁ βουλόμενος ἐξελὼν τοὺς αὑτοῦ τυφλώττει, ἔστ' ἂν δεηθῇ ἰδεῖν· οὕτω δ' ἐνθέμενος ὁρᾷ. Καὶ πολλοὶ τοὺς σφετέρους ἀπολέσαντες παρ' ἄλλων χρησάμενοι ὁρῶσιν. Εἰσὶ δ' οἳ καὶ πολλοὺς ἀποθέτους ἔχουσιν, οἱ πλούσιοι.

Καὶ μὴν καὶ ἄλλο θαῦμα ἐν τοῖς βασιλείοις ἐθεασάμην· κάτοπτρον μέγιστον κεῖται ὑπὲρ φρέατος οὐ πάνυ βαθέος. Ἂν μὲν οὖν ἐς τὸ φρέαρ καταβῇ τις, ἀκούει πάντων τῶν παρ' ἡμῖν ἐν τῇ γῇ λεγομένων, ἐὰν δὲ ἐς τὸ κάτοπτρον ἀποβλέψῃ, πάσας μὲν πόλεις, πάντα δὲ ἔθνη ὁρᾷ, ὥσπερ ἐφεστὼς ἑκάστοις· τότε καὶ τοὺς οἰκείους ἐγὼ ἐθεασάμην καὶ πᾶσαν τὴν πατρίδα, εἰ δὲ κἀκεῖνοι ἐμὲ ἑώρων, οὐκ ἔχω τὸ ἀσφαλὲς εἰπεῖν.

Ὅστις δὲ ταῦτα μὴ πιστεύει οὕτως ἔχειν, ἄν ποτε καὶ αὐτὸς ἐκεῖσε ἀφίκηται, εἴσεται, ὡς ἀληθῆ λέγω.

Τότε δ' οὖν ἀσπασάμενοι τὸν βασιλέα καὶ τοὺς ἀμφ' αὐτὸν ἐμβάντες ἀνήχθημεν.

Τῇ δὲ τετάρτῃ περὶ μεσημβρίαν μαλακῶς ἐνδιδόντος τοῦ πνεύματος καὶ συνιζάνοντος ἐπὶ τὴν θάλατταν κατετέθημεν. Ὡς δὲ τοῦ ὕδατος ἐψαύσαμεν, θαυμασίως ὑπερηδόμεθα καὶ ὑπερεχαίρομεν καὶ πᾶσαν εὐφροσύνην ἐκ τῶν παρόντων ἐποιούμεθα καὶ ἀποβάντες ἐνηχόμεθα· καὶ γὰρ ἔτυχε γαλήνη οὖσα καὶ εὐσταθοῦν τὸ πέλαγος.

4. Das Abenteuer mit dem Walfisch.

Ἔοικε δὲ ἀρχὴ κακῶν μειζόνων γίγνεσθαι πολλάκις ἡ πρὸς τὸ βέλτιον μεταβολή· καὶ γὰρ ἡμεῖς δύο μόνας ἡμέρας ἐν εὐδίᾳ πλεύσαντες τῆς τρίτης ὑποφαινούσης πρὸς ἀνίσχοντα τὸν ἥλιον ἄφνω ὁρῶμεν θηρία καὶ κήτη πολλὰ μὲν καὶ ἄλλα, ἓν δὲ μέγιστον ἁπάντων ὅσον σταδίων χιλίων καὶ πεντακοσίων τὸ μέγεθος· ἐπῄει δὲ κεχηνὸς καὶ πρὸ πολλοῦ ταράττον τὴν θάλατταν ἀφρῷ τε περικλυζόμενον καὶ τοὺς ὀδόντας ἐκφαῖνον, ὀξεῖς πάντας ὥσπερ σκόλοπας καὶ λευκοὺς ὥσπερ ἐλεφαντίνους. Ἡμεῖς μὲν οὖν τὸ ὕστατον ἀλλήλους προσειπόντες καὶ περιβαλόντες ἐμένομεν· τὸ δὲ ἤδη παρῆν καὶ ἀναρροφῆσαν ἡμᾶς αὐτῇ νηὶ κατέπιεν. Οὐ μέντοι ἔφθη συναράξαι τοῖς ὀδοῦσιν, ἀλλὰ διὰ τῶν ἀραιωμάτων ἡ ναῦς ἐς τὸ ἔσω διεξέπεσεν.

Ἐπεὶ δὲ ἔνδον ἦμεν, τὸ μὲν πρῶτον σκότος ἦν καὶ οὐδὲν ἑωρῶμεν, ὕστερον δὲ αὐτοῦ ἀναχανόντος εἴδομεν κύτος μέγα καὶ πάντῃ πλατὺ καὶ ὑψηλόν, ἱκανὸν μυριάνδρῳ πόλει ἐνοικεῖν. Ἔκειντο δὲ ἐν μέσῳ καὶ μικροὶ ἰχθύες καὶ ἄλλα πολλὰ θηρία συγκεκομμένα καὶ πλοίων ἱστία καὶ ἄγκυραι καὶ ἀνθρώπων ὀστέα καὶ φορτία, κατὰ μέσον δὲ καὶ γῆ καὶ λόφοι ἦσαν, ἐμοὶ δοκεῖν, ἐκ τῆς ἰλύος, ἣν κατέπιε, συνιζάνουσα. Ὕλη γοῦν ἐπ᾽ αὐτῆς καὶ δένδρα παντοῖα ἐπεφύκει καὶ λάχανα ἐβεβλαστήκει καὶ ἐῴκει πάντα ἐξειργασμένοις. Περίμετρον δὲ τῆς γῆς στάδιοι διακόσιοι καὶ τετταράκοντα. Ἦν δὲ ἰδεῖν καὶ ὄρνεα τὰ θαλάττια, λάρους καὶ ἀλκυόνας, ἐπὶ τῶν δένδρων νεοττεύοντα.

Τότε μὲν οὖν ἐπὶ πολὺ ἐδακρύομεν, ὕστερον δὲ ἀναστήσαντες τοὺς ἑταίρους τὴν μὲν ναῦν ὑπεστηρίξαμεν, αὐτοὶ δὲ τὰ πυρεῖα συντρίψαντες καὶ ἀνακαύσαντες δεῖπνον ἐκ τῶν παρόντων ἐποιούμεθα.

Τῇ ἐπιούσῃ δὲ διαναστάντες, εἴ ποτε ἀναχάνοι τὸ κῆτος, ἑωρῶμεν ἄλλοτε μὲν γῆν, ἄλλοτε δὲ ὄρη, ἄλλοτε δὲ μόνον τὸν οὐρανόν, πολλάκις δὲ καὶ νήσους· καὶ γὰρ ἠσθανόμεθα φερομένου αὐτοῦ ὀξέως πρὸς πᾶν μέρος τῆς θαλάττης. — Μηκέτι φέρων ἐγὼ τὴν ἐν τῷ κήτει δίαιταν ἀχθόμενός τε τῇ μονῇ μηχανήν τινα ἐζήτουν, δι' ἧς ἂν ἐξελθεῖν γένοιτο· καὶ τὸ μὲν πρῶτον ἔδοξεν ἡμῖν διορύξασι κατὰ τὸν δεξιὸν τοῖχον ἀποδρᾶναι καὶ ἀρξάμενοι διεκόπτομεν· ἐπειδὴ δὲ προελθόντες ὅσον πέντε σταδίους οὐδὲν ἠνύομεν, τοῦ μὲν ὀρύγματος ἐπαυσάμεθα, τὴν δὲ ὕλην καῦσαι διέγνωμεν· οὕτω γὰρ ἂν τὸ κῆτος ἀποθανεῖν· εἰ δὲ τοῦτο γένοιτο, ῥᾳδία ἔμελλεν ἡμῖν ἔσεσθαι ἡ ἔξοδος.

Ἀρξάμενοι οὖν ἀπὸ τῶν οὐραίων ἐκαίομεν καὶ ἡμέρας μὲν ἑπτὰ καὶ ἴσας νύκτας ἀναισθήτως εἶχε τοῦ καύματος, ὀγδόῃ δὲ καὶ ἐνάτῃ συνίεμεν αὐτοῦ νοσοῦντος· ἀργότερον γοῦν ἀνέχασκε, καὶ εἴ ποτε ἀναχάνοι, ταχὺ συνέμυε. Δεκάτῃ δὲ καὶ ἑνδεκάτῃ τέλεον ἀπενενέκρωτο καὶ δυσῶδες ἦν· τῇ δωδεκάτῃ δὲ μόλις ἐνενοήσαμεν, ὡς, εἰ μή τις χανόντος αὐτοῦ ὑποστηρίξειε τοὺς γομφίους, ὥστε μηκέτι συγκλεῖσαι, κινδυνεύσομεν κατακλεισθέντες ἐν νεκρῷ αὐτῷ ἀπολέσθαι· οὕτω δὴ μεγάλοις δοκοῖς τὸ στόμα διερείσαντες τὴν ναῦν ἐπεσκευάζομεν ὕδωρ τε ὡς ἔνι πλεῖστον ἐμβαλλόμενοι καὶ τὰ ἄλλα ἐπιτήδεια· κυβερνᾶν δ' ἔμελλεν ὁ Σκίνθαρος. Τῇ δ' ἐπιούσῃ τὸ μὲν ἤδη ἐτεθνήκει.

Ἡμεῖς δὲ ἀνελκύσαντες τὸ πλοῖον καὶ διὰ τῶν ἀραιωμάτων διαγαγόντες καὶ ἐκ τῶν ὀδόντων ἐξάψαντες ἠρέμα καθήκαμεν ἐς τὴν θάλατταν· ἐπαναβάντες δὲ ἐπὶ τὰ νῶτα καὶ θύσαντες τῷ Ποσειδῶνι αὐτοῦ παρὰ τὸ τρόπαιον ἡμέρας τε τρεῖς ἐπαυλισάμενοι — νηνεμία γὰρ ἦν — τῇ τετάρτῃ ἀπεπλεύσαμεν.

5. Frost und Eis.
In der Milchsee. — Die Korkfüßler.

Καὶ ἡμέρας μέν τινας ἐπλέομεν εὐκράτῳ ἀέρι χρώμενοι, ἔπειτα βορέου σφοδροῦ πνεύσαντος μέγα κρύος ἐγένετο καὶ ὑπ' αὐτοῦ πᾶν ἐπάγη τὸ πέλαγος οὐκ ἐπιπολῆς μόνον, ἀλλὰ καὶ ἐς βάθος ὅσον ἐπὶ τετρακοσίας ὀργυιάς, ὥστε καὶ ἀποβάντας διαθεῖν ἐπὶ τοῦ κρυστάλλου. Ἐπιμένοντος δὲ τοῦ πνεύματος φέρειν οὐ δυνάμενοι τοιόνδε τι ἐπενοήσαμεν — ὁ δὲ τὴν γνώμην ἀποφηνάμενος ἦν Σκίνθαρος —· σκάψαντες γὰρ ἐν τῷ ὕδατι σπήλαιον μέγιστον ἐν τούτῳ ἐμείναμεν ἡμέρας τριάκοντα, πῦρ ἀνακαίοντες καὶ σιτούμενοι τοὺς ἰχθῦς· εὑρίσκομεν δὲ αὐτοὺς ἀνορύττοντες.

Ἐπειδὴ δὲ ἤδη ἐπέλιπε τὰ ἐπιτήδεια, προελθόντες καὶ τὴν ναῦν πεπηγυῖαν ἀνασπάσαντες καὶ πετάσαντες τὴν ὀθόνην ἐσυρόμεθα ὥσπερ πλέοντες λείως καὶ προσηνῶς ἐπὶ τοῦ πάγου διολισθαίνοντες. Ἡμέρᾳ δὲ πέμπτῃ ἀλέα τε ἤδη ἦν καὶ ὁ πάγος ἐλύετο καὶ ὕδωρ πάντα αὖθις ἐγίνετο.

Μετ' οὐ πολὺ δὲ εἰς πέλαγος ἐνεβαίνομεν οὐχ ὕδατος, ἀλλὰ γάλακτος· καὶ νῆσος ἐν αὐτῷ ἐφαίνετο λευκή, πλήρης ἀμπέλων. Ἦν δὲ ἡ νῆσος τυροῦ μέγιστος, πάνυ συμπεπηγώς, ὡς ὕστερον ἐμφαγόντες ἐμάθομεν, πέντε καὶ εἴκοσι σταδίων τὸ περίμετρον· αἱ δὲ ἄμπελοι βοτρύων πλήρεις, οὐ μέντοι οἶνον, ἀλλὰ γάλα ἐξ αὐτῶν ἀποθλίβοντες ἐπίνομεν. Ἱερὸν δὲ ἐν μέσῃ τῇ νήσῳ ἀνῳκοδόμητο Γαλατείας τῆς Νηρηίδος, ὡς ἐδήλου τὸ ἐπίγραμμα. Ὅσον δ' οὖν χρόνον ἐκεῖ ἐμείναμεν, ὄψον μὲν ἡ γῆ καὶ σιτίον ὑπῆρχε, ποτὸν δὲ τὸ γάλα τὸ ἐκ τῶν βοτρύων.

Μείναντες δὲ ἡμέρας ἐν τῇ νήσῳ πέντε τῇ ἕκτῃ ἐξωρμήσαμεν, αὔρας μέν τινος παραπεμπούσης, λειοκύμονος δὲ οὔσης τῆς θαλάττης· τῇ ὀγδόῃ δὲ ἡμέρᾳ πλέοντες οὐκέτι διὰ τοῦ γάλακτος, ἀλλ' ἤδη ἐν ἁλμυρῷ καὶ κυανῷ ὕδατι καθορῶμεν ἀνθρώπους πολλοὺς ἐπὶ τοῦ πελάγους διαθέοντας, ἅπαντα ἡμῖν προσεοικότας καὶ τὰ σώματα καὶ τὰ μεγέθη πλὴν τῶν ποδῶν μόνων· ταῦτα γὰρ φέλλινα εἶχον· ἀφ' οὗ δὴ οἶμαι καὶ ἐκαλοῦντο Φελλόποδες. Ἐθαυμάζομεν οὖν ἰδόντες οὐ βαπτιζομένους, ἀλλ' ὑπερέχοντας τῶν κυμάτων καὶ ἀδεῶς ὁδοιποροῦντας. Οἱ δὲ καὶ προσῄεσαν καὶ ἠσπάζοντο ἡμᾶς Ἑλληνικῇ φωνῇ ἔλεγόν τε εἰς Φελλὼ τὴν αὐτῶν πατρίδα ἐπείγεσθαι· μέχρι μὲν οὖν τινος συνωδοιπόρουν ἡμῖν παραθέοντες, εἶτα ἀποτραπόμενοι τῆς ὁδοῦ ἐβάδιζον εὔπλοιαν ἡμῖν ἐπευξάμενοι. Μετ' ὀλίγον δὲ πολλαὶ νῆσοι ἐφαίνοντο, πλησίον μὲν ἐξ ἀριστερῶν ἡ Φελλώ, εἰς ἣν ἐκεῖνοι ἔσπευδον, πόλις ἐπὶ μεγάλου καὶ στρογγύλου φελλοῦ κατοικουμένη· πόρρωθεν δὲ καὶ μᾶλλον ἐν δεξιᾷ πέντε μέγισται καὶ ὑψηλόταται καὶ πῦρ πολὺ ἀπ' αὐτῶν ἀνεκαίετο. Κατὰ δὲ τὴν πρῷραν μία πλατεῖα καὶ ταπεινή, σταδίους ἐπέχουσα οὐκ ἐλάττους πεντακοσίων.

★

6. Auf der Insel der Seligen.

Ἤδη δὲ πλησίον τε ἦμεν καὶ θαυμαστή τις αὔρα περιέπνευσεν ἡμᾶς, ἡδεῖα καὶ εὐώδης, οἵαν φησὶν ὁ συγγραφεὺς Ἡρόδοτος ἀπόζειν τῆς εὐδαίμονος Ἀραβίας. Οἷον γὰρ ἀπὸ ῥόδων καὶ ναρκίσσων καὶ ὑακίνθων καὶ κρίνων καὶ ἴων, ἔτι δὲ μυρρίνης καὶ δάφνης καὶ ἀμπελάνθης, τοιοῦτον ἡμῖν τὸ ἡδὺ προσέβαλλεν. Ἡσθέντες δὲ τῇ ὀσμῇ καὶ χρηστὰ ἐκ μακρῶν πόνων ἐλπίσαντες κατ' ὀλίγον ἤδη πλησίον τῆς νήσου ἐγιγνόμεθα. Ἔνθα δὴ καὶ καθεωρῶμεν λιμένας τε πολλοὺς περὶ πᾶσαν ἀκλύστους καὶ μεγάλους ποταμούς τε διαυγεῖς ἐξιόντας ἠρέμα ἐς τὴν θάλατταν, ἔτι δὲ λειμῶνας καὶ ὕλας καί ὄρνεα μουσικά, τὰ μὲν ἐπὶ τῶν ἠϊόνων ᾄδοντα, πολλὰ δὲ καὶ ἐπὶ τῶν κλάδων. Ἀήρ τε κοῦφος καὶ εὔπνους περιεκέχυτο τὴν χώραν. Καὶ αὖραι δέ τινες ἡδεῖαι διαπνέουσαι ἠρέμα τὴν ὕλην διεσάλευον, ὥστε καὶ ἀπὸ τῶν κλάδων κινουμένων τερπνὰ καὶ συνεχῆ μέλη ἀπεσυρίζετο 15 ἐοικότα τοῖς ἐπ' ἐρημίας αὐλήμασι τῶν πλαγίων αὐλῶν. Καὶ μὴν καὶ βοὴ σύμμικτος ἠκούετο ἄθρους, οὐ θορυβώδης, ἀλλ' οἵα γένοιτ' ἂν ἐν συμποσίῳ, τῶν μὲν αὐλούντων, τῶν δὲ ἐπαινούντων, ἐνίων δὲ κροτούντων πρὸς αὐλὸν ἢ κιθάραν. Τούτοις ἅπασι κηλούμενοι κατήχθημεν, ὁρμίσαντες δὲ τὴν 20 ναῦν ἀπεβαίνομεν, τὸν Σκίνθαρον ἐν αὐτῇ καὶ δύο τῶν ἑταίρων ἀπολιπόντες. Προϊόντες δὲ διὰ λειμῶνος εὐανθοῦς ἐντυγχάνομεν τοῖς φρουροῖς καὶ περιπόλοις, οἱ δὲ δήσαντες ἡμᾶς ῥοδίνοις στεφάνοις — οὗτος γὰρ μέγιστος παρ' αὐτοῖς δεσμός ἐστιν — ἀνῆγον ὡς τόν ἄρχοντα, παρ' ὧν δὴ καθ' 25 ὁδὸν ἠκούσαμεν, ὡς ἡ μὲν νῆσος εἴη τῶν Μακάρων προσαγορευομένη, ἄρχος δὲ ὁ Κρὴς Ῥαδάμανθυς.

Καὶ ὁ μὲν ἤρετο, τί παθόντες ἔτι ζῶντες ἱεροῦ χωρίου ἐπιβαίημεν· ἡμεῖς δὲ πάντα ἑξῆς διηγησάμεθα. Οὗτος δὴ μεταστησάμενος ἡμᾶς ἐπὶ πολὺν χρόνον ἐσκέπτετο καὶ τοῖς 30 συνέδροις ἐκοινοῦτο περὶ ἡμῶν. Συνήδρευον δὲ ἄλλοι τε πολλοὶ καὶ Ἀριστείδης ὁ δίκαιος, ὁ Ἀθηναῖος. Ὡς δὲ ἔδοξεν αὐτῷ, ἀπεφήνατο τῆς μὲν φιλοπραγμοσύνης καὶ τῆς ἀποδημίας, ἐπειδὰν ἀποθάνωμεν, δοῦναι τὰς εὐθύνας, τὸ δὲ νῦν ῥητὸν χρόνον μείναντας ἐν τῇ νήσῳ καὶ συνδιαιτηθέντας 35 τοῖς ἥρωσιν ἀπελθεῖν. Ἔταξε δὲ καὶ τὴν προθεσμίαν τῆς ἐπιδημίας μὴ πλέον μηνῶν ἑπτά.

Τοὐντεῦθεν ἡμῖν αὐτομάτων τῶν στεφάνων περιρρυέντων ἐλελύμεθα καὶ εἰς τὴν πόλιν ἠγόμεθα καὶ εἰς τὸ τῶν Μακάρων συμπόσιον. Αὕτη μὲν οὖν ἡ πόλις πᾶσα χρυσῆ, τὸ 40 δὲ τεῖχος περίκειται σμαράγδινον. Πύλαι δέ εἰσιν ἑπτά, πᾶσαι μονόξυλοι, κινναμώμιναι, τὸ μέντοι ἔδαφος τῆς πόλεως καὶ ἡ ἐντὸς τοῦ τείχους γῆ ἐλεφαντίνη, ναοὶ δὲ πάντων θεῶν βηρύλλου λίθου ᾠκοδομημένοι καὶ βωμοὶ ἐν αὐτοῖς

45 μέγιστοι, μονόλιθοι, άμεθύστινοι, εφ' ών ποιοΰσι τάς εκατόμβας. Περί δε την πόλιν ρεί ποταμός μύρου του καλλίστου, το πλάτος πήχεων εκατόν βασιλικών, βάθος δε πεντήκοντα, ώστε νεΐν εύμαρώς. Λουτρά δέ έστιν εν αύτοίς οίκοι μεγάλοι, υάλινοι, τω κινναμώμω εγκαιόμενοι· αντί μέν-
50 τοι ύδατος εν ταίς πυέλοις δρόσος θερμή έστιν.
Γηράσκει δε ουδείς, αλλ' εφ' ης αν ηλικίας έλθη, παραμένει.

Ου μην ουδέ νύξ παρ' αύτοίς γίνεται ουδέ ημέρα πάνυ λαμπρά· καθάπερ γαρ το λυκαυγές ήδη προς έω, μηδέπω
55 ανατείλαντος ηλίου, τοιούτο φως επέχει την γήν. Και μέντοι και ώραν μίαν ίσασι του έτους· αεί γαρ παρ' αύτοίς έαρ εστί και εις άνεμος παρ' αύτοίς πνεί, ο ζέφυρος.

Ή δε χώρα πάσι μεν άνθεσι, πάσι δε φυτοίς ήμέροις τε και σκιεροίς τέθηλεν· αι μεν γαρ άμπελοι δωδεκάφοροί εισι
60 και κατά μήνα έκαστον καρποφορούσι· τας δε ροιάς και τας μηλέας και την άλλην οπώραν έλεγον μεν είναι τρισκαιδεκάφορον· ενός γαρ μηνός του παρ' αύτοίς Μινώου δις καρποφορεί. Αντί δε πυρού οι στάχυες άρτον έτοιμον επ' άκρων φύουσιν ώσπερ μύκητας.

65 Πηγαί δε περί την πόλιν ύδατος μεν πέντε και εξήκοντα και τριακόσιαι, μέλιτος δε άλλαι τοσαύται, μύρου δε πεντακόσιαι, μικρότεραι μέντοι αύται· και ποταμοί γάλακτος επτά και οίνου οκτώ.

Το δε συμπόσιον έξω της πόλεως πεποίηται εν τω Ήλυ-
70 σίω καλουμένω πεδίω· λειμών δέ εστι κάλλιστος και περί αυτόν ύλη παντοία, πυκνή, επισκιάζουσα τους κατακειμένους, και στρωμνή μεν εκ τών ανθέων υποβέβληται. Διακονούνται δε και διαφέρουσιν έκαστα οι άνεμοι πλην γε του οινοχοείν· τούτου γαρ ου δέονται, περί δε το συμπόσιον υάλινά εστι
75 μεγάλα δένδρα της διαυγεστάτης υάλου και καρπός εστι τών δένδρων τούτων ποτήρια παντοία και τας κατασκευάς και τα μεγέθη. Επειδάν ούν παρίη τις ες το συμπόσιον, τρυ-

γήσα εν ᾗ καὶ δύο τῶν ἐκπωμάτων παρατίθεται, τὰ δὲ αὐτίκα οἴνου πλήρη γίγνεται. Οὕτω μὲν πίνουσιν. Ἀντὶ δὲ τῶν στεφάνων αἱ ἀηδόνες καὶ τὰ ἄλλα μουσικὰ ὄρνεα ἐκ τῶν πλησίον λειμώνων τοῖς στόμασιν ἀνθολογοῦντα κατανίφει αὐτοὺς μετ' ᾠδῆς ὑπερπετόμενα. Καὶ μὴν καὶ μυρίζονται ὧδε· νεφέλαι πυκναὶ ἀνασπάσασαι μύρον ἐκ τῶν πηγῶν καὶ τοῦ ποταμοῦ καὶ ἐπιστᾶσαι ὑπὲρ τὸ συμπόσιον ἠρέμα τῶν ἀνέμων ὑποθλιβόντων ὕουσι λεπτὸν ὥσπερ δρόσον. Ἐπὶ δὲ τῷ δείπνῳ μουσικῇ τε καὶ ᾠδαῖς σχολάζουσιν· ᾄδεται δὲ αὐτοῖς τὰ τοῦ Ὁμήρου ἔπη μάλιστα· καὶ αὐτὸς γὰρ πάρεστι καὶ συνευωχεῖται αὐτοῖς ὑπὲρ τὸν Ὀδυσσέα κατακείμενος.

Οἱ μὲν οὖν χοροὶ ἐκ παίδων εἰσὶ καὶ παρθένων· ἐξάρχουσι δὲ καὶ συνᾴδουσιν Εὔνομός τε ὁ Λοκρὸς καὶ Ἀρίων ὁ Λέσβιος καὶ Ἀνακρέων καὶ Στησίχορος· καὶ γὰρ τοῦτον παρ' αὐτοῖς ἐθεασάμην ἤδη τῆς Ἑλένης αὐτῷ διηλλαγμένης. Ἐπειδὰν δὲ οὗτοι παύσωνται ᾄδοντες, δεύτερος χορὸς παρέρχεται ἐκ κύκνων καὶ χελιδόνων καὶ ἀηδόνων. Ἐπειδὰν δὲ καὶ οὗτοι ᾄσωσι, τότε ἤδη ἡ πᾶσα ὕλη ἐπαυλεῖ τῶν ἀνέμων καταρχόντων. Μέγιστον δὲ δὴ πρὸς εὐφροσύνην ἐκεῖνο ἔχουσι· πηγαί εἰσι δύο παρὰ τὸ συμπόσιον, ἡ μὲν γέλωτος, ἡ δὲ ἡδονῆς· ἐκ τούτων ἑκατέρας πάντες ἐν ἀρχῇ τῆς εὐωχίας πίνουσι καὶ τὸ λοιπὸν ἡδόμενοι καὶ γελῶντες διάγουσι.

*

7. Bei den Verdammten.

Μείνας δὲ (ἐγγὺς ἑπτὰ μῆνας) ἀνηγόμην τῶν ἡρώων παραπεμπόντων.

Ἐπεὶ δὲ τὸν εὐώδη ἀέρα προϊόντες παρεληλύθεμεν, αὐτίκα ἡμᾶς ὀσμή τε δεινὴ διεδέχετο, οἷον ἀσφάλτου καὶ θείου καὶ πίττης ἅμα καιομένων, καὶ κνῖσα δὲ πονηρὰ καὶ ἀφόρητος ὥσπερ ἀπ' ἀνθρώπων ὀπτωμένων. Καὶ ὁ ἀὴρ ζοφερὸς καὶ ὁμιχλώδης καὶ κατέσταζεν ἐξ αὐτοῦ δρόσος πιττίνη. Ἠκούομεν δὲ καὶ μαστίγων ψόφον καὶ οἰμωγὴν ἀνθρώπων πολλῶν.

Ταῖς μὲν οὖν ἄλλαις οὐ προσέσχομεν, ᾗ δὲ ἐπέβημεν, τοιάδε ἦν· κύκλῳ μὲν πᾶσα κρημνώδης καὶ ἀπόξυρος, πέτραις τραχέσι κατεσκληκυῖα, δένδρον δ' οὐδὲν οὐδὲ ὕδωρ ἐνῆν· ἀνερπύσαντες δὲ ὅμως κατὰ τοὺς κρημνοὺς προῄειμεν διά τινος ἀκανθώδους καὶ σκολόπων μεστῆς ἀτραποῦ, πολλὴν ἀμορφίαν τῆς χώρας ἐχούσης.

Ἐλθόντες δὲ ἐπὶ τὴν εἱρκτὴν καὶ τὸ κολαστήριον πρῶτα μὲν τὴν φύσιν τοῦ τόπου ἐθαυμάζομεν· τὸ μὲν γὰρ ἔδαφος αὐτὸ μαχαίραις καὶ σκόλοψι πάντῃ ἐξηνθήκει, κύκλῳ δὲ ποταμοὶ περιέρρεον, ὁ μὲν βορβόρου, ὁ δὲ δεύτερος αἵματος, ὁ δὲ ἔνδον πυρός, πάνυ μέγας οὗτος καὶ ἀπέρατος, καὶ ἔρρει ὥσπερ ὕδωρ καὶ ἐκυματοῦτο ὥσπερ θάλαττα καὶ ἰχθῦς δὲ εἶχε πολλούς, τοὺς μὲν δαλοῖς προσεοικότας, τοὺς δὲ μικροὺς ἄνθραξι πεπυρωμένοις, ἐκάλουν δὲ αὐτοὺς λυχνίσκους.

Εἴσοδος δὲ μία στενὴ διὰ πάντων καὶ πυλωρὸς ἐφειστήκει Τίμων ὁ Ἀθηναῖος. Παρελθόντες δὲ ἑωρῶμεν κολαζομένους πολλοὺς μὲν βασιλέας, πολλοὺς δὲ καὶ ἰδιώτας, ὧν ἐνίους καὶ ἐγνωρίζομεν. Προσετίθεσαν δὲ οἱ περιηγηταὶ καὶ τοὺς ἑκάστων βίους καὶ τὰς αἰτίας, ἐφ' αἷς κολάζονται.

Καὶ μεγίστας ἁπασῶν τιμωρίας ὑπέμενον οἱ ψευσάμενοί τι παρὰ τὸν βίον καὶ οἱ μὴ τἀληθῆ συγγεγραφότες, ἐν οἷς καὶ Κτησίας ὁ Κνίδιος ἦν καὶ Ἡρόδοτος καὶ ἄλλοι πολλοί. Τούτους οὖν ὁρῶν ἐγὼ χρηστὰς εἶχον εἰς τοὐπιὸν τὰς ἐλπίδας· οὐδὲν γὰρ ἐμαυτῷ ψεῦδος εἰπόντι συνηπιστάμην.

Ταχέως δ' οὖν ἀναστρέψας ἐπὶ τὴν ναῦν — οὐδὲ γὰρ ἠδυνάμην φέρειν τὴν ὄψιν — ἀπέπλευσα.

8. Im Land der Träume.

Καὶ μετ' ὀλίγον ἐφαίνετο πλησίον ἡ τῶν ὀνείρων νῆσος, ἀμυδρὰ καὶ ἀσαφὴς ἰδεῖν· εἶχε δὲ καὶ αὐτή τι τοῖς ὀνείροις παραπλήσιον· ὑπεχώρει γὰρ προσιόντων ἡμῶν καὶ ὑπέφευγε καὶ πορρωτέρω ὑπέβαινε. Καταλαβόντες δέ ποτε αὐτὴν καὶ ἐσπλεύσαντες ἐς τὸν Ὕπνον λιμένα προσαγορευόμενον, πλησίον τῶν πυλῶν τῶν ἐλεφαντίνων, ᾗ τὸ τοῦ Ἀλεκτρυόνος ἱερόν ἐστι, περὶ δείλην ὀψίαν ἀπεβαίνομεν, παρελθόντες δὲ ἐς τὴν πόλιν πολλοὺς ὀνείρους καὶ ποικίλους ἑωρῶμεν. Αὐτῶν μέντοι τῶν ὀνείρων οὔτε φύσις οὔτε ἰδέα ἡ αὐτή. Ἀλλ' οἱ μὲν μακροί τε ἦσαν καὶ μαλακοὶ καὶ καλοὶ καὶ εὐειδεῖς, οἱ δὲ σκληροὶ καὶ μικροὶ καὶ ἄμορφοι, καὶ οἱ μὲν χρύσεοι, ὡς ἐδόκουν, οἱ δὲ ταπεινοί τε καὶ εὐτελεῖς. Ἦσαν δ' ἐν αὐτοῖς καὶ πτερωτοί τινες καὶ τερατώδεις καὶ ἄλλοι, καθάπερ ἐς πομπὴν διεσκευασμένοι, οἱ μὲν ἐς βασιλέας, οἱ δὲ ἐς θεούς, οἱ δὲ εἰς ἄλλα τοιαῦτα κεκοσμημένοι. Πολλοὺς δὲ αὐτῶν καὶ ἐγνωρίσαμεν, πάλαι παρ' ἡμῖν ἑωρακότες, οἳ δὴ καὶ προσῄεσαν καὶ ἠσπάζοντο, ὡς ἂν καὶ συνήθεις ὑπάρχοντες, καὶ παραλαβόντες ἡμᾶς καὶ κατακοιμίσαντες πάνυ λαμπρῶς καὶ δεξιῶς ἐξένιζον, τήν τε ἄλλην ὑποδοχὴν μεγαλοπρεπῆ κατασκευάσαντες καὶ ὑπισχνούμενοι βασιλέας τε ποιήσειν καὶ σατράπας. Ἔνιοι δὲ καὶ ἀπῆγον ἡμᾶς εἰς τὰς πατρίδας καὶ τοὺς οἰκείους ἐπεδείκνυον καὶ αὐθημερὸν ἐπανῆγον.

Ἡμέρας μὲν οὖν τριάκοντα καὶ ἴσας νύκτας παρ' αὐτοῖς ἐμείναμεν καθεύδοντες καὶ εὐωχούμενοι. Ἔπειτα ἄφνω βροντῆς μεγάλης καταρραγείσης ἀνεγρόμενοι καὶ ἀναθορόντες ἀνήχθημεν ἐπισιτισάμενοι. Τριταῖοι δ' ἐκεῖθεν τῇ Ὠγυγίᾳ νήσῳ προσσχόντες ἐπιβαίνομεν.

9. Von Seeräubern überfallen.

Ἕωθεν δὲ ἀνηγόμεθα σφοδρότερον κατιόντος τοῦ πνεύματος· καὶ δὴ χειμασθέντες ἡμέρας δύο τῇ τρίτῃ περιπίπτομεν τοῖς Κολοκυνθοπειραταῖς. Ἄνθρωποι δέ εἰσιν οὗτοι ἄγριοι, ἐκ τῶν πλησίον νήσων λῃστεύοντες τοὺς παρα-
5 πλέοντας. Τὰ πλοῖα δὲ ἔχουσι μεγάλα, κολοκύνθινα, τὸ μῆκος πήχεων ἑξήκοντα. Ἐπειδὰν γὰρ ξηράνωσι τὴν κολόκυνθαν, κοιλάναντες αὐτὴν καὶ ἐξελόντες τὴν ἐντεριώνην ἐμπλέουσιν, ἱστοῖς μὲν χρώμενοι καλαμίνοις, ἀντὶ δὲ τῆς ὀθόνης τῷ φύλλῳ τῆς κολοκύνθης. Προσβαλόντες οὖν ἡμῖν ἀπὸ δύο πληρω-
10 μάτων ἐμάχοντο καὶ πολλοὺς κατετραυμάτιζον βάλλοντες τῷ σπέρματι τῶν κολοκυνθῶν. Ἀγχωμάλως δὲ ἐπὶ πολὺ ναυμαχοῦντες περὶ μεσημβρίαν εἴδομεν κατόπιν τῶν Κολοκυνθοπειρατῶν προσπλέοντας τοὺς Καρυοναύτας. Πολέμιοι δὲ ἦσαν ἀλλήλοις, ὡς ἔδειξαν. Ἐπεὶ
15 γὰρ ἐκεῖνοι ᾔσθοντο αὐτοὺς ἐπιόντας, ἡμῶν μὲν ὠλιγώρησαν, τραπόμενοι δὲ ἐπ' ἐκείνους ἐναυμάχουν. Ἡμεῖς δὲ ἐν τοσούτῳ ἐπάραντες τὴν ὀθόνην ἐφεύγομεν ἀπολιπόντες αὐτοὺς μαχομένους. Καὶ δῆλοι ἦσαν κρατήσοντες οἱ Καρυοναῦται, ἅτε καὶ πλείους — πέντε γὰρ εἶχον πληρώματα —
20 καὶ ἀπὸ ἰσχυροτέρων νεῶν μαχόμενοι· τὰ γὰρ πλοῖα ἦν αὐτοῖς κελύφη, καρύων ἡμίτομα, κεκενωμένα, μέγεθος δὲ ἑκάστου ἡμιτομίου ἐς μῆκος ὀργυιαὶ πεντεκαίδεκα. Ἐπεὶ δὲ ἀπεκρύψαμεν αὐτούς, ἰώμεθά τε τοὺς τραυματίας καὶ τὸ λοιπὸν ἐν τοῖς ὅπλοις ἦμεν, ὡς ἐπίπαν ἀεί τινας ἐπιβουλὰς
25 προσδεχόμενοι· οὐ μάτην.

Οὔπω γοῦν ἐδεδύκει ὁ ἥλιος καὶ ἀπό τινος ἐρήμου νήσου προσήλαυνον ἡμῖν ὅσον εἴκοσιν ἄνδρες ἐπὶ δελφίνων μεγάλων ὀχούμενοι, λῃσταὶ καὶ οὗτοι· καὶ οἱ δελφῖνες αὐτοὺς ἔφερον ἀσφαλῶς καὶ ἀναπηδῶντες ἐχρεμέτιζον ὥσπερ ἵπποι.
30 Ἐπεὶ δὲ πλησίον ἦσαν, διαστάντες οἱ μὲν ἔνθεν, οἱ δὲ ἔνθεν

ἔβαλλον ἡμᾶς σηπίαις ξηραῖς καὶ ὀφθαλμοῖς καρκίνων. Τοξευόντων δὲ καὶ ἡμῶν καὶ ἀκοντιζόντων οὐκέτι ὑπέμειναν, ἀλλὰ τρωθέντες οἱ πολλοὶ αὐτῶν πρὸς τὴν νῆσον κατέφυγον.

*

10. Das Eisvogelnest.

Wunderzeichen. — Der schwimmende Wald. — Die Meeresschlucht.

Περὶ δὲ τὸ μεσονύκτιον γαλήνης οὔσης ἐλάθομεν προσοκείλαντες ἀλκυόνος καλιᾷ παμμεγέθει· σταδίων γοῦν ἦν αὕτη ἑξήκοντα τὸ περίμετρον. Ἐπέπλει δὲ ἡ ἀλκυὼν τὰ ᾠὰ θάλπουσα οὐ πολὺ μείων τῆς καλιᾶς. Καὶ δὴ ἀναπταμένη μικροῦ μὲν κατέδυσε τὴν ναῦν τῷ ἀνέμῳ τῶν πτερῶν· 5 ᾤχετο δ' οὖν φεύγουσα γοεράν τινα φωνὴν προϊεμένη. Ἐσβάντες δὲ ἡμεῖς ἡμέρας ἤδη ὑποφαινούσης ἐθεώμεθα τὴν καλιάν, σχεδίᾳ μεγάλῃ προσεοικυῖαν, ἐκ δένδρων μεγάλων συμπεφορημένην· ἐπῆν δὲ καὶ ᾠὰ πεντακόσια, ἕκαστον αὐτῶν Χίου πίθου περιπληθέστερον. Ἤδη μέντοι καὶ οἱ 10 νεοττοὶ ἔνδοθεν ἐφαίνοντο καὶ ἔκρωζον. Πελέκεσιν οὖν διακόψαντες ἓν τῶν ᾠῶν νεοττὸν ἄπτερον ἐξεκολάψαμεν εἴκοσι γυπῶν ἁδρότερον.

Ἐπεὶ δὲ πλέοντες ἀπείχομεν τῆς καλιᾶς ὅσον σταδίους διακοσίους, τέρατα ἡμῖν μεγάλα καὶ θαυμαστὰ ἐπεσήμανεν· 15 ὅ τε γὰρ ἐν τῇ πρύμνῃ χηνίσκος ἄφνω ἐπτερύξατο καὶ ἀνεβόησε καὶ ὁ κυβερνήτης ὁ Σκίνθαρος, φαλακρὸς ἤδη ὤν, ἀνεκόμησε καί, τὸ πάντων δὴ παραδοξότατον, ὁ γὰρ ἱστὸς τῆς νεὼς ἐξεβλάστησε καὶ κλάδους ἀνέφυσε καὶ ἐπὶ τῷ ἄκρῳ ἐκαρποφόρησεν, ὁ δὲ καρπὸς ἦν σῦκα καὶ σταφυλὴ μέλαινα, 20 οὔπω πέπειρος. Ταῦτα ἰδόντες, ὡς τὸ εἰκός, ἐταράχθημεν καὶ ηὐχόμεθα τοῖς θεοῖς ἀποτρέψαι τὸ ἀλλόκοτον τοῦ φαντάσματος.

Οὔπω δὲ πεντακοσίους σταδίους διελθόντες εἴδομεν ὕλην μεγίστην καὶ λάσιον πιτύων καὶ κυπαρίττων. Καὶ ἡμεῖς μὲν εἰκάσαμεν ἤπειρον εἶναι· τὸ δὲ ἦν πέλαγος ἄβυσσον, ἀρρίζοις δένδροις καταπεφυτευμένον· εἰστήκει δὲ τὰ δένδρα ὅμως ἀκίνητα, ὀρθά, καθάπερ ἐπιπλέοντα. Πλησιάσαντες γοῦν καὶ τὸ πᾶν κατανοήσαντες ἐν ἀπόρῳ εἰχόμεθα, τί χρὴ δρᾶν· οὔτε γὰρ διὰ τῶν δένδρων πλεῖν δυνατὸν ἦν — πυκνὰ γὰρ καὶ προσεχῆ ὑπῆρχεν — οὔτε ἀναστρέφειν ἐδόκει ῥᾴδιον. Ἐγὼ δὲ ἀνελθὼν ἐπὶ τὸ μέγιστον δένδρον ἀπεσκόπουν τὰ ἐπέκεινα, ὅπως ἔχοι, καὶ ἑώρων ἐπὶ σταδίους μὲν πεντήκοντα ἢ ὀλίγῳ πλείους τὴν ὕλην οὖσαν, ἔπειτα δὲ αὖθις ἕτερον ὠκεανὸν ἐκδεχόμενον. Καὶ δὴ ἐδόκει ἡμῖν ἀναθεμένους τὴν ναῦν ἐπὶ τὴν κόμην τῶν δένδρων — πυκνὴ δὲ ἦν — ὑπερβιβάσαι, εἰ δυναίμεθα, ἐς τὴν θάλατταν τὴν ἑτέραν· καὶ οὕτως ἐποιοῦμεν. Ἐκδήσαντες γὰρ αὐτὴν κάλῳ μεγάλῳ καὶ ἀνελθόντες ἐπὶ τὰ δένδρα μόλις ἀνιμησάμεθα. Καὶ θέντες ἐπὶ τῶν κλάδων, πετάσαντες τὰ ἱστία καθάπερ ἐν θαλάττῃ ἐπλέομεν τοῦ ἀνέμου προωθοῦντος ἐπισυρόμενοι.

Βιασάμενοι δὲ ὅμως τὴν ὕλην ἀφικόμεθα ἐς τὸ ὕδωρ καὶ πάλιν ὁμοίως καταθέντες τὴν ναῦν ἐπλέομεν διὰ καθαροῦ καὶ διαυγοῦς ὕδατος, ἄχρι δὴ ἐπέστημεν χάσματι μεγάλῳ ἐκ τοῦ ὕδατος διεστῶτος γεγενημένῳ, καθάπερ ἐν τῇ γῇ πολλάκις ὁρῶμεν ὑπὸ σεισμῶν γενόμενα διαχωρίσματα. Ἡ μὲν οὖν ναῦς καθελόντων ἡμῶν τὰ ἱστία οὐ ῥᾳδίως ἔστη παρ᾽ ὀλίγον ἐλθοῦσα κατενεχθῆναι. Ὑπερκύψαντες δὲ ἡμεῖς ἑωρῶμεν βάθος ὅσον σταδίων χιλίων μάλα φοβερὸν καὶ παράδοξον· εἰστήκει γὰρ τὸ ὕδωρ ὥσπερ μεμερισμένον. Περιβλέποντες δὲ ὁρῶμεν κατὰ δεξιὰ οὐ πάνυ πόρρωθεν γέφυραν ἐπεζευγμένην ὕδατος συνάπτοντος τὰ πελάγη κατὰ τὴν ἐπιφάνειαν, ἐκ τῆς ἑτέρας θαλάττης ἐς τὴν ἑτέραν διαρῥέοντος. Προσελάσαντες οὖν ταῖς κώπαις κατ' ἐκεῖνο παρεδράμομεν καὶ μετὰ πολλῆς ἀγωνίας ἐπεράσαμεν οὔποτε 55 προσδοκήσαντες.

☆

11. Bei den Bukephalen. — Schlußwort.

Ἐντεῦθεν ἡμᾶς ὑπεδέχετο πέλαγός τε προσηνὲς καὶ νῆσος οὐ μεγάλη, εὐπρόσιτος, συνοικουμένη· ἐνέμοντο δὲ αὐτὴν ἄγριοι ἄνθρωποι, Βουκέφαλοι, κέρατα ἔχοντες, οἷον παρ' ἡμῖν τὸν Μινώταυρον ἀναπλάττουσιν. Ἀποβάντες δὲ προῄειμεν ὑδρευσόμενοι καὶ σιτία ληψό- 5 μενοι, εἴ ποθεν δυνηθείημεν· οὐκέτι γὰρ εἴχομεν. Καὶ ὕδωρ μὲν αὐτοῦ πλησίον εὕρομεν, ἄλλο δὲ οὐδὲν ἐφαίνετο, πλὴν μυκηθμὸς πολὺς οὐ πόρρωθεν ἠκούετο. Δόξαντες οὖν ἀγέλην εἶναι βοῶν κατ' ὀλίγον προχωροῦντες ἐπέστημεν τοῖς ἀνθρώποις. Οἱ δὲ ἰδόντες ἡμᾶς ἐδίωκον καὶ τρεῖς μὲν τῶν 10 ἑταίρων λαμβάνουσιν, οἱ δὲ λοιποὶ πρὸς τὴν θάλατταν κατεφεύγομεν.

Εἶτα μέντοι πάντες ὁπλισάμενοι — οὐ γὰρ ἐδόκει ἡμῖν ἀτιμωρήτους περιιδεῖν τοὺς φίλους — ἐμπίπτομεν τοῖς Βουκεφάλοις τὰ κρέα τῶν ἀνῃρημένων διαιρουμένοις· βοήσαντες 15 δὲ πάντες ἐδιώκομεν καὶ κτείνομέν τε ὅσον πεντήκοντα καὶ ζῶντας αὐτῶν δύο λαμβάνομεν καὶ αὖθις ὀπίσω ἀνεστρέψαμεν τοὺς αἰχμαλώτους ἔχοντες. Σιτίον μέντοι οὐδὲν εὕρομεν.

Οἱ μὲν οὖν ἄλλοι παρῄνουν ἀποσφάττειν τοὺς εἰλημμένους, ἐγὼ δὲ οὐκ ἐδοκίμαζον, ἀλλὰ δήσας ἐφύλαττον αὐτούς, 20 ἄχρι δὴ ἀφίκοντο παρὰ τῶν Βουκεφάλων πρέσβεις αἰτοῦντες ἐπὶ λύτροις τοὺς συνειλημμένους· συνίεμεν γὰρ αὐτῶν διανευόντων καὶ γοερόν τι μυκωμένων ὥσπερ ἱκετευόντων. Τὰ λύτρα δὲ ἦν τυροὶ πολλοὶ καὶ ἰχθῦς ξηροὶ καὶ κρόμμυα καὶ ἔλαφοι τέτταρες, τρεῖς ἑκάστη πόδας ἔχουσα, δύο μὲν 25 τοὺς ὄπισθεν, οἱ δὲ πρόσω εἰς ἕνα συνεπεφύκεισαν. Ἐπὶ τούτοις ἀποδόντες τοὺς συνειλημμένους καὶ μίαν ἡμέραν ἐπιμείναντες ἀνήχθημεν.

Ταῦτα μὲν οὖν τὰ συνενεχθέντα μοι ἐν τῇ θαλάττῃ καὶ
30 παρὰ τὸν πλοῦν ἐν ταῖς νήσοις καὶ ἐν τῷ ἀέρι καὶ μετ' αὐτὰ ἐν τῷ κήτει καί, ἐπειδὴ ἐξήλθομεν, παρά τε τοῖς ἥρωσι καὶ τοῖς ὀνείροις καὶ τὰ τελευταῖα παρὰ τοῖς Βουκεφάλοις.

*